Leckeres FÜR KINDER

Josef Vogt

Leckeres
FÜR KINDER

Mit 66 Rezepten,
exklusiv fotografiert
für dieses Buch von
Hans Joachim Döbbelin

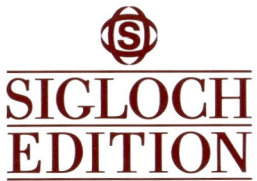

SIGLOCH
EDITION

Inhalt

Was wir essen – warum wir essen

Ernährung, die Versorgung des Körpers mit Lebensmitteln, zählt zu den Grundbedürfnissen jedes Menschen. Nahrungsaufnahme ist aber von klein auf auch eine Angelegenheit des Gefühls. Wer einmal die wachsende Zufriedenheit eines trinkenden Säuglings beobachtet, weiß das. Gefühle sind der Grund für all jene Rituale, die im Zusammenhang mit Essen und Trinken gepflegt werden. Und Gefühle drücken sich in der Wertschätzung aus, die Meistern der Kochkunst entgegengebracht wird – zu lesen und zu sehen in unzähligen Veröffentlichungen unterschiedlichster Form.

Alles das gibt es noch, der wachsenden „Schnell-Freß-Welle" zum Trotz, die ja wiederum eigene, ritualisierte Gewohnheiten entwickelt: Kinder einer weiten Altersspanne werden unbestreitbar angezogen von Stehimbißbuden, von Restaurants im Einheitslook oder gar von Automaten mit eingebautem Mikrowellenherd, der in Minutenschnelle eine kleine Mahlzeit ausspuckt. Dem Angebot dort ist gemein, daß es relativ wenige, leicht wiederzuerkennende Gerichte gibt, die manchmal von phantasievollen Namen geschmückt werden. Wir wollen diese Entwicklung weder verschweigen noch verdammen und geben ja zu, daß manches wirklich gut schmeckt.

Doch zu einer ausgewogenen und gesunden Ernährung für Kinder und Jugendliche gehört mehr. Mehr als die großen Hits wie Pommes, Cola, süße Riegel und ab und zu eine Pizza und ein Stück Obst. Sie finden deshalb in einer kurzgefaßten Einleitung Informationen über die wichtigsten Lebensmittel und ihre Inhaltsstoffe, über gute Kombinationen von verschiedenen Eiweißträgern sowie einen Ratgeber zu geeigneten Getränken. Tips zu einigen Festen, die Kindern viel Spaß machen, leiten in den ausführlichen Rezeptteil über.

Bei der Rezeptauswahl stand die Absicht im Vordergrund, vielen etwas zu bieten: den Eltern, die herkömmliche Kost kennen und können, für Neues aber aufgeschlossen sind; denjenigen, die vielleicht gerne ohne Fleisch und nach den Prinzipien alternativer Ernährung leben, aber ihrem anders beeinflußten Nachwuchs zuliebe manchmal Zugeständnisse machen; und auch den aufgeweckten Kindern, die es durchaus gewohnt sind, in der Küche zu helfen und sich Gerichte selbst zuzubereiten.

Nur die speziellen Bedürfnisse von kleinsten und kleinen Kindern unter etwa drei Jahren fanden hier keinen Platz. Auf sie einzugehen, würde leicht ein weiteres Buch füllen.

Die Rezepte sind nach einem normalen Tageslauf geordnet. Ihre Zubereitung berücksichtigt die Vielfalt, die von einer modernen Ernährung verlangt und mit Hilfe des Angebots an frischen Zutaten auch möglich ist. Optisch werden die Gerichte so pfiffig wie möglich dargeboten, vor allem wenn bunte Bestandteile ein kleines Kunstwerk wenigstens für den Augenblick erlauben.

Was steckt im Essen, und wieviel brauchen Kinder?

Was und wieviel jeder Mensch täglich an Nahrung zu sich nehmen muß, ist von verschiedenen Faktoren abhängig: vom Alter und Geschlecht, von der Jahreszeit und der körperlichen Tätigkeit.

Kinder wachsen und ändern ihr Aussehen. Sie benötigen Baustoffe, damit sich die Zellen ihres Körpers vermehren und zudem alte und verbrauchte Zellen ersetzen können. Zu den Baustoffen gehören vornehmlich Eiweiß, Mineralstoffe und Wasser. Nach den Jahren des extensiven Wachstums tritt ein langsamer Stillstand ein, die Körpersubstanz muß nur noch von Zeit zu Zeit erneuert werden, deshalb läßt auch der Bedarf an Baustoffen nach.

Unabhängig vom Alter braucht unser Körper neben den Baustoffen Energie. Sie wird in erster Linie durch Kohlenhydrate und Fett, nur untergeordnet durch Eiweiß geliefert. Man unterscheidet beim Energiebedarf zwei Teilgruppen: einmal den Grundumsatz – ihn tätigt ein Mensch unter völliger Ruhe, bei Nüchternheit und ausgeglichenen Temperaturverhältnissen. Solche Voraussetzungen sind praktisch nur im Schlaf gegeben, wenn die primären Lebensfunktionen Atmung, Herztätigkeit und Ausgleich der Wärmeverluste über Haut und Atem aufrechterhalten werden. Der Grundumsatz ist bei gesunden Menschen fast konstant, er hängt lediglich vom Gewicht ab. Anders ist es beim Leistungsumsatz, er ist abhängig von der körperlichen Bewegung, der Muskeltätigkeit und der für die Verdauung benötigten Energie.

So individuell diese Größen sind, so individuell ist auch der Bedarf an Energiestoffen. Es gibt dafür nur Empfehlungen und Richtlinien. Als Maßeinheit für den Brennwert oder Energiegehalt dient das Kilojoule (kJ) oder die etwas veraltete Kilokalorie (kcal): 1 Gramm Fett liefert dem Körper runde 38 kJ oder 9,3 kcal, 1 Gramm Alkohol 30 kJ oder 7,1 kcal, 1 Gramm Kohlenhydrate genau wie 1 Gramm Eiweiß 18 kJ oder 4,2 kcal.

Kinder können gerade in Zeiten stärkeren Wachstums mehrere Tage lang mit Heißhunger riesige Mengen vertilgen, um danach ganze Wochen mit kleinen Mahlzeiten auszukommen. Diese Schwankungen sind normal und brauchen niemanden zu beunruhigen, solange sie auf keine Krankheit schließen lassen. Deshalb betrachten Sie bitte folgende Empfehlungen der Deutschen Gesellschaft für Ernährung lediglich als Richtwerte: Im Alter von ein bis drei Jahren benötigt ein Kind durchschnittlich 4500 kJ oder 1100 kcal, von vier bis sechs Jahren 6500 kJ oder 1500 kcal, von sieben bis neun Jahren 8000 kJ oder 1900 kcal. Ab etwa zehn Jahren unterscheidet sich der Energiebedarf bereits nach dem Geschlecht. So können dreizehn- bis fünfzehnjährige Jungen über Monate hinweg im Mittel 12 000, 14 000 kJ und mehr verarbeiten, alleine um zu wachsen. Für Mädchen liegen die Werte etwas niedriger, da sie in der Regel weniger schwer, groß und muskulös werden als Jun-

gen. Die meisten Erwachsenen würden bei solch hoher Energiezufuhr unweigerlich zunehmen. Kinder und Jugendliche brauchen dies indes für eine optimale Entwicklung, allerdings gebunden an die richtige Zusammensetzung der Nahrung. Von zuviel Energie werden sie selten dick, vielmehr stammen Fettpolster meist aus jüngster Kindheit, bedingt durch falsche Ernährung von Anfang an.

In jedem Fall bedarf es einer ausgewogenen Mischkost. Sie soll täglich alle sieben Grundstoffe unserer Nahrung enthalten, die möglichst in einem bestimmten Verhältnis zueinander stehen: Eiweiß rund 12 Prozent, Fett 28 bis 33 Prozent und Kohlenhydrate 55 bis 60 Prozent. In der Energiebilanz tauchen die ebenso lebensnotwendigen Wirk- und Reglerstoffe nicht auf: Mineralien, Spurenelemente und Vitamine. Ferner ist noch Wasser zu erwähnen, das in vielen Lebensmitteln wie Obst, Gemüse oder Fleisch bereits enthalten ist, aber fast immer durch Getränke ergänzt werden muß.

Eiweiß: Dies ist der umgangssprachliche Begriff für die Proteine und Proteide, die aus langen Ketten verschiedener Aminosäuren aufgebaut sind. Von den 20 für den Menschen wichtigen Aminosäuren müssen 8 von außen mit der Nahrung zugeführt werden, da sie im Körper nicht gebildet werden können. Sie sind deshalb essentiell, also lebensnotwendig. Die Menge an essentiellem Eiweiß bestimmt den Nährwert und den biologischen Wert der unterschiedlichen Lebensmittel. 35 bis 50 Prozent Eiweiß aus tierischen und 50 bis 65 Prozent aus pflanzlichen Quellen werden heute von vielen Ernährungsfachleuten als ideal angesehen.

Viel Eiweiß, dessen biologische Verwertbarkeit durch die Kombinationen noch erheblich gesteigert wird, ergibt sich beispielsweise aus: Kartoffeln mit Ei, Kartoffeln mit Milch und Milchprodukten, magerem Fleisch und Fisch mit Kartoffeln, Hülsenfrüchten mit Ei oder Getreideprodukten, Getreideprodukten

mit Milch oder Milchprodukten wie Quark oder magerem Käse. Eine Empfehlung lautet auch, zur Hauptmahlzeit stets ein Glas Milch zu trinken, um weniger wertvolles Eiweiß zu ergänzen. Kinder dürfen täglich an Eiweiß etwa 1,5 bis 2 Gramm je Kilogramm Körpergewicht essen, für Erwachsene reichen zwischen 0,8 und 1,2 Gramm.

Fette bestehen aus einer Verbindung von Glycerinestern mit Fettsäuren unterschiedlicher Sättigung. Fast alle diese Bestandteile können im Körper selbst gebildet werden. Lediglich eine essentielle hochungesättigte Fettsäure, die Linolsäure, muß mit der Nahrung zugeführt werden. Das läßt sich jederzeit durch eine Mischkost mit Milch, Fleisch und Fisch erreichen und kann durch die Verwendung von Pflanzenfetten, insbesondere von Keimölen, unterstützt werden. Fette besitzen als besonders dichte Energielieferanten für Kinder und Jugendliche hohe Bedeutung. Zudem werden viele Fette von wichtigen Stoffen wie Lezithin, Carotin, Mineralien und Spurenelementen begleitet. Die benötigt der Körper ebenso wie die Fähigkeit von Fetten, gewisse Vitamine zu lösen. Eine Tagesmenge von

2 Gramm Fett je Kilogramm Körpergewicht ist für aktive Kinder mit viel Bewegungsdrang normal, während für Erwachsene 1 Gramm völlig ausreicht. Vergessen Sie jedoch nicht jene Fette, die in Wurst, Schokolade und manchem Brotaufstrich in hohem Maße versteckt sind.

Kohlenhydrate sollten stets den größten Anteil an der täglichen Nahrung ausmachen. Durch sie erhalten wir einen Großteil unserer Energie. Besonders Trauben-, Invert-, Rüben- und Rohrzucker stehen als Energielieferanten sehr rasch zur Verfügung, da sie fast unverändert ins Blut übergehen, während die Stärke zuerst abgebaut werden muß. Wenn es sich einrichten läßt, dann sollten die leeren Kalorienträger wie Weißzucker und -mehle durch solche ersetzt werden, die außer Energie auch wichtige Begleitstoffe mitbringen: Obst, Vollkorngetreide, Vollkornmehl und Kartoffeln enthalten überwiegend langkettige Zucker, Stärke, Vitamine, Mineralstoffe und vor allem Ballaststoffe. Die chemisch komplizierteren Zucker und die Stärke werden zerlegt und spenden nachhaltiger Energie als die einfachen Zucker. 7 bis 8 Gramm je Kilogramm Körpergewicht an Kohlenhydraten täglich sind wünschenswert. Vorsicht ist stets bei Backwaren und gesüßten Getränken geboten, denn hierin können die Zuckermengen ganz erheblich sein.

Ballaststoffe sorgen für eine gute Verdauung, binden überschüssige Gallensäure, regeln den Cholesterinspiegel im Blut und können gar krebserregende Stoffe in der Nahrung binden und weitgehend unschädlich machen.

Mineralstoffe und Spurenelemente in teilweise verschwindend geringen Mengen braucht der Körper täglich: Wenige Mikrogramm wie bei Kobalt bis wenige Gramm wie bei Natrium reichen aus. Doch für das Wohlbefinden, den Aufbau von Knochen und Zähnen, die Steuerung bestimmter Körperfunktionen sind sie unverzichtbar. Erhalten jüngere Kinder beispielsweise laufend weniger als

0,3 Gramm Kalzium täglich, so kann ihr Knochenaufbau im Wachstum schwere Schäden erleiden. Zehn- bis Vierzehnjährige sollten sogar bis zu 1 Gramm am Tag zu sich nehmen, beispielsweise über viel Milch. Genauso schlecht wirkt sich eine mangelnde Versorgung mit Eisen auf die Blutbildung aus, mit Jod auf die Schilddrüsenfunktion oder mit Kupfer auf zahlreiche Prozesse, an denen Enzyme – Eiweißstoffe, die als Katalysatoren dienen – beteiligt sind.

Eine möglichst abwechslungsreiche, vielseitige und schonend zubereitete Kost mit viel ungeschältem, aber sehr gut gewaschenem Gemüse und Obst, mit Milch, viel vollem Korn und auch dunklem Fleisch gewährleistet die Versorgung mit Mineralien und Spurenelementen.

Vitamine kann der Körper ebenfalls nicht selbst aufbauen. Oft brauchen wir davon nur Spuren, doch ein Mangel hätte fatale Wirkungen. Einiges ist noch nicht erforscht, doch wir wissen schon viel über die herausragende Bedeutung bei der Steuerung des Stoffwechsels und dem Schutz vor Krankheiten. Unbedingt dürfen frische Vitaminträger nur kurz gelagert und nur kurz mit Wasser behandelt und der Hitze ausgesetzt werden. Besonders vielseitige Vitaminlieferanten sind wiederum frisches Obst und Gemüse, deren Säfte sowie Milch, Butter, Vollkornprodukte, bestimmte Fleischsorten, Fisch und Lebertran.

Schließlich seien noch die Farb-, Duft- und Geschmacksstoffe erwähnt, die den Lebensmitteln ihren sensorischen Wert geben, das heißt den Appetit fördern, die Bildung von Verdauungssäften anregen und somit den Genußwert entscheidend beeinflussen.

Von jeher sind in unseren Lebensmitteln auch Stoffe, die für den menschlichen Körper nicht notwendig sind, die ihm sogar schaden können. Einmal sind dies Bestandteile wie Coffein, Tein, Solanin und Hormone, zum anderen sind es Fremdstoffe wie Schwermetalle oder Schädlingsbekämpfungsmittel, die durch

Wasser kommt in fast allen Lebensmitteln in mehr oder weniger hohem Anteil vor. So bestehen Gurken, Melonen und Kopfsalat zu rund 90 Prozent daraus. Wasser erfüllt im Körper eine Reihe von Aufgaben: Lösung von Nährstoffen und Transport in die Zellen, Entsorgung der verbrauchten Stoffe, Regulierung der Körpertemperatur. Es kann nicht verwundern, daß der tägliche Bedarf von Erwachsenen bei etwa 3 Litern, bei Kindern von Fall zu Fall sogar noch höher liegt und rund zur Hälfte durch Getränke gedeckt werden muß. Schließlich will ich noch einige Tips zur Zubereitung und Gestaltung der täglichen Mahlzeiten vermitteln, die zwar einfach klingen, aber leider oft nicht beachtet werden. Mehrere kleinere Mahlzeiten mit nicht zu großen Portionen sättigen besser und machen weniger müde als drei üppige Gerichte mit langen Pausen dazwischen. Wenig Wasser und wenig Fett beim Kochen, möglichst niedrige Temperatur und kurze Zeit beim Dämpfen, Dünsten, Grillen oder Braten schonen Aroma, Geschmack, Vitamine und Mineralstoffe. Warmhalten oder Aufwärmen zerstört oft die letzten Inhaltsstoffe der Speisen. Wenig Salz, doch dafür frische Kräuter schulen den Geschmack der Kinder. Genügend Zeit, um das Essen in Ruhe intensiv zu kauen, tut der Verdauung und der Geselligkeit am Tisch gut.

verbreitete Anbaumethoden, Luft- und Bodenverschmutzung und bestimmte Verarbeitungen und Behandlungen hineinkommen. Als Verbraucher können Sie solche Verfälschung, Verunreinigung, ja sogar Vergiftung nie ganz ausschließen. Die Belastung der Lebensmittel kann aber dort am besten abgeschätzt werden, wo ein lückenloser Überblick der gesamten Kette von der Erzeugung bis zum Verkauf möglich ist. Das ist heute – zugegeben – oft sehr schwer, aber über den Kauf kontrollierter, rückstandsarmer Ware, über Selbstanbau und „Kauf ab Hof" noch am ehesten zu gewährleisten.

Kinder haben viel Durst

Je jünger, desto durstiger. Auf diese einfache Aussage lassen sich mehrere biologisch begründete Tatsachen verkürzen. Kleine Kinder besitzen im Vergleich zum Gewicht eine sehr große Körperoberfläche. Zudem wachsen sie noch und bewegen sich meist mehr und intensiver als Erwachsene. So geraten sie mit hoher Wahrscheinlichkeit öfter und kräftiger ins Schwitzen als Menschen mit sitzender Tätigkeit. Es ist also normal, wenn Kinder häufig und viel trinken.

Im Durchschnitt brauchen Vier- bis Sechsjährige täglich 2 Liter Flüssigkeit, Fünfzehnjährige rund 3½ Liter. Etwa die Hälfte dieses Bedarfs wird durch die aufgenommenen Speisen und die Atmung gedeckt. Der Rest muß in Form von Getränken zugeführt werden, die natürlich möglichst gut schmecken und den Durst löschen sollten, aber einer ausgewogenen Ernährung nicht widersprechen. Durst löscht vieles, was der Handel anbietet. Und schmackhaft machen kann man fast alles. Doch sich gleichzeitig nicht jede Menge an versteckten Kalorien in Form von Zuckern einzuhandeln, dazu benötigen Sie als Käufer gute Kenntnisse über die gängigen Getränke. Ein kurzer Überblick soll dabei helfen.

Fruchtsaft stammt zu 100 Prozent aus einer oder mehreren Sorten an Früchten, die frisch gepreßt und pasteurisiert wurden. Oft werden sie auch aus Konzentrat wieder mit Wasser verdünnt und ohne chemische Zusätze in die Handelsware verwandelt. Zum Ausgleich eines Mangels an Süße dürfen bis 15 Gramm Zucker je Liter zugesetzt werden. Wichtige Bestandteile sind die Fruchtsäuren wie Wein-, Apfel- und Zitronensäure, die Frucht- und Traubenzucker sowie Vitamin C. Orangen, Mandarinen und Passionsfrüchte bringen noch recht viel Provitamin A mit. An Mineralstoffen sind besonders Kalium und Phosphate zu nennen.

Fruchtnektar und Süßmost ist ein Gemisch aus Fruchtsaft – sein Anteil von 25 bis 50 Prozent muß immer angegeben werden –, Wasser und bis zu 20 Prozent Zucker. Außer Zitronensäure sind Zusätze nicht erlaubt.

Fruchtsaftgetränke bestehen zu minimal 6 Prozent (Zitrusfrüchte) bis 30 Prozent (Trauben- und Kernobst) aus Fruchtsaft. Dazu kommen Wasser, mit oder ohne Kohlensäure, natürliche Fruchtauszüge und Zucker in wechselnden Mengen. Künstliche Konservierung ist nicht zulässig.

Limonade werden eine ganze Reihe von Getränken genannt: mit einem Fruchtsaftanteil von 3 bis 5 Prozent, mit mindestens 7prozentigem Zuckeranteil, mit natürlichen Säuerungsmitteln und mit Kohlensäure. Bitterlimonaden enthalten bis zu 85 Milligramm je Liter Chinin, und die bei Kindern höchst beliebten Colagetränke weisen zwischen 65 und 250 Milligramm je Liter Coffein auf und sind durch Zuckercouleur gefärbt.

Brause enthält neben viel Wasser fast nur künstliche Farb-, Aroma-, Geschmacks- und Süßstoffe – bei Kindern beliebt, aber als Nahrung wertlos.

Mineralwässer sind ausgezeichnete und wertvolle Durstlöscher, ob mit Kohlensäure angereichert oder nicht, ob pur oder in Mischung mit Fruchtsaft oder -nektar. Achten

Sie beim Kauf auf die Analysen oder Tests über die Inhaltsstoffe, denn es gibt da erhebliche Unterschiede. Es hängt stark davon ab, durch welche Gesteinsschichten – oft über Jahre und Jahrzehnte – Wasser sickert, das später dann voller Minerale wie Sulfat, Chlorid, Hydrogenkarbonat und Magnesium, Natrium oder Kalzium aus der Tiefe gewonnen wird. Sollten Sie sich schon lange an eine Hausmarke gewöhnt haben, so prüfen Sie trotzdem, ob das Wasser nicht viel mehr Natrium, Nitrat oder sonst ein Mineral enthält, als Ihr Körper benötigt, geschweige denn, für die Kinder gut ist.

Kräuter- und Früchtetees werden durch Aufguß mit Wasser aus frischen oder getrockneten Pflanzenteilen hergestellt und warm oder kalt getrunken. Viele dieser Tees wirken nicht nur erfrischend und durststillend, sondern auch wohltuend auf den Körper. Einige helfen zum Beispiel gegen hartnäckigen Husten oder auch gegen Bauchschmerzen. Einen Eindruck von der Vielfalt an Möglichkeiten mit Tee als Grundlage vermitteln einige unserer Rezepte.

Gemüsesäfte werden aus frischen, sauber geputzten Gemüsen ohne Wasserzusatz gewonnen. Durstlöscher sind sie weniger, dafür weisen sie hohe Gehalte an Vitaminen, Mineralstoffen und auch Eiweiß auf.

Milch, das erste Getränk aller Menschen, wird hier zuletzt angeführt. Sie muß in erster Linie als Lebensmittel bezeichnet werden, auch wenn sie vor allem kühl den Durst durchaus zu löschen vermag. Als raffiniert zusammengesetzter, energiereicher „Naturcocktail" enthält sie viel hochwertiges Eiweiß, gelöstes Fett und Kohlenhydrate, außerdem unterschiedlichste Vitamine und Mineralstoffe wie Kalzium und Phosphor. Für gesunde Kinder empfiehlt sich mindestens ein Viertelliter Milch täglich, der zu einer Hauptmahlzeit getrunken werden sollte, weil er weniger hochwertiges Eiweiß optimal ergänzt. Dies soll möglichst frische Vollmilch sein, die Sie keinesfalls über 40 °C erhitzen, damit nach den geringen Verlusten im Milchwerk nicht weitere Vitamine und Eiweiß im Topf zerstört werden. Ideale Ergänzungen sind Sauermilch, Naturjoghurt und Quark.

Feste feiern – rund ums Jahr

Ein Leben ohne Feste sei wie ein langer Weg ohne Einkehr, lehrte schon der griechische Philosoph Demokrit vor rund 2400 Jahren. Mit anderen, schlichteren Worten: Feste geben dem Leben Glanz und Höhepunkte, sich auf Feste freuen zu dürfen, ist notwendig für alle Menschen, besonders für Kinder. Aus der großen Zahl an Anlässen, etwas zu feiern, will ich wenige Beispiele herausgreifen und vor allem den Eltern Tips und Anregungen geben. Ihre und Ihrer Kinder Phantasie und Spontaneität sollen damit ein wenig Unterstützung erfahren.

Fasnacht, Fasching oder Karneval: närrisches Treiben, Spaß am Verkleiden und womöglich eine Party mit vielen Freunden ist Kindern sehr wichtig. Originelle, selbstverfaßte Einladungen, passend zum Motto des Festes, lassen bei allen Adressaten sicher schon Vorfreude aufkommen. Ein bunt dekorierter Raum, Musik, die je nach Alter der Gesellschaft mehr zum paarweisen Tanz oder eher zu einer Polonaise auffordert, und als Stärkung garnierte Spießchen oder eine selbstgemachte Pizza, dazu eine Bar, an der sich die Gäste ihre Getränke nach Laune mixen: damit landen Sie wohl immer einen Erfolg.

Geburtstag oder Namenstag feiert man eher wieder mit weniger Gästen. Als Faustregel las ich einmal: Zahl der Eingeladenen gleich vollendete Lebensjahre, plus ein, zwei Gäste extra für mitfeiernde Geschwister. Jedes

14

Jahr den heißersehnten Tag ein wenig anders zu gestalten, erfordert gute Planung und Einfälle. Reichen Sie nicht zuviel zu essen und zu trinken, aber das mit Pfiff, wie zum Beispiel: Gesichter und Verzierungen aus Gurken, Radieschen, Tomaten auf Broten oder Toasts, aus Schokolade, Sahne, Fruchtpüree auf Gebäck oder Eis. Und als kleine Preise bei den Spielen sind Malbuch, Pusterohr und Windrad ebenso gern gesehen wie die eine oder andere, vielleicht selbstgemachte Süßigkeit.

Das Sommerfest hat im Kalender oft einen festen Platz. Nur seine Ausgestaltung und damit die Vorbereitungen schwanken von kleiner Grillparty im Garten oder auf der Wiese bis zur großen Straßenfete, zu der mehrere Familien alle Nachbarn laden. Besonders im zweiten Fall sind Zusammenarbeit und Aufgabenverteilung gefordert: Die einen sorgen für den Schmuck des Festplatzes mit Girlanden oder Lampions, die nächsten schaffen vom Getränkehändler eine Anzahl Festzelttische und -bänke heran, und mehrere Parteien kümmern sich um die Beköstigung. Diese wird am besten gruppiert um alles, was sich grillen läßt, seien es nun die Klassiker wie Würstchen und Gemüse oder Besonderheiten wie Brot, noch heiß mit Knoblauchbutter bestrichen, und dünne, mit Honig bepinselte Schweinebauchscheiben. Nach den Gästen richtet sich das Angebot an Getränken: Nicht nur die Kleinen schätzen eine alkoholfreie Fruchtbowle oder einen Cocktail aus Früchtetee mit Saft. Spiele versprechen immer Spaß, auch wenn es die altbewährten wie Blindekuh, Sackhüpfen und Tauziehen sind.

Advent und Weihnachten zu erleben und sich auf den eigentlichen Anlaß des Festes zu besinnen, fällt sicher wegen der allgemeinen Hektik manchmal schwer. Vielleicht helfen einige meiner Ratschläge ein wenig, rechtzeitig die Stimmung aufkommen zu lassen, die Sie sich selber und Ihren Kindern wünschen. Schon bald im November können Vorbereitungen getroffen werden, ob es nun um selbstgebastelte Geschenke, um Plätzchen, Früchtebrot oder Christstollen geht. Auch Zweige zu holen, eine Krippe zu basteln und Weihnachtsschmuck herzustellen, läßt sich gut gemeinsam in der Familie erledigen.

Als besondere Gerichte zu den Festtagen empfehle ich gerne eine Blätterteigpastete, ein Wild- oder Kalbsragout oder einen Lammrücken, dazu wahlweise feine Gemüse, Salate und Kartoffelkroketten oder Spätzle. Wollen Sie aber weniger Aufwand treiben, so eignen sich auch Kartoffelsalat mit Würstchen oder Ei und als Nachtisch Eis mit heißen Himbeeren oder Apfelstrudel mit Vanillesauce, um mehr Stunden mit der Verwandtschaft als in der Küche zu verbringen.

Der Jahreswechsel wird seit jeher gerne in geselliger Runde verbracht. Man frischt Erinnerungen auf, begrüßt das neue Jahr mit guten Wünschen und Vorsätzen und braucht dafür oft eine Bowle und etwas zum Anstoßen: War es am Abend des 31. Dezember ein kalter Kardinalpunsch aus je einem Viertelliter Schwarzem Johannisbeer- und Orangensaft, mit Zitronensaft und -limonade abgerundet, so schäumt – ganz alkoholfrei – etwas Himbeer- mit Zitronensaft und Sprudel genausogut wie Sekt im Glas, wenn es Schlag zwölf „Prosit Neujahr" heißt. Das Essen für diese langen oder kurzen Stunden könnte aus einem Fleisch-, Käse- oder Gemüsefondue mit pikanten Häppchen oder Salaten bestehen, ehe um Mitternacht ein Neujahrskranz aus Hefeteig angeschnitten wird.

Natürlich gibt es noch weitere Anlässe zum Feiern: erster Schultag, Erntedankfest, Martinstag mit Laternenumzug, Ostern und Pfingsten. Vielleicht bietet auch der Muttertag die Gelegenheit, daß einmal die Kinder der Mutter zu einem arbeitsfreien Festtag verhelfen, sofern sie das Jahr über ihre Fähigkeiten als Helfer eingeübt haben.

Fruchtige Mixgetränke

Melonenbowle mit Ananas

Zutaten für 4 Gläser:
1 kleine Honigmelone
1 Ananas
½ Liter Zitronenlimonade
½ Liter Mineralwasser
4 Bowlengläser und 4 Picker

Die Melone halbieren, entkernen und jede Hälfte in 4 bis 6 Spalten schneiden. Jede Melonenspalte schälen, das Fruchtfleisch in Würfel schneiden und in ein Bowlengefäß oder einen Saftkrug geben. Ebenso die Ananas vorbereiten.
Auf die Fruchtstücke die Zitronenlimonade gießen und kalt stellen.
Vor dem Servieren Mineralwasser zugeben.
Die Bowle in die Gläser füllen und dekorativ mit den Fruchtpickern anrichten.

Fruchtcocktail mit Himbeeren

Zutaten für 1 Glas:
10 frische oder tiefgekühlte Himbeeren
⅛ Liter Pfirsichnektar
2 EL Sauerkirschsaft
Mineralwasser nach Belieben
1 hohes Trinkglas mit 1 langstieligen Löffel

In das Glas die frischen oder die noch nicht aufgetauten Himbeeren geben. Mit dem Pfirsichnektar und dem Sauerkirschsaft angießen, durchrühren und mit dem Mineralwasser ergänzen.

Exotischer Orangensaft

Zutaten für 4 Gläser:
½ Liter Orangensaft
¼ Liter Maracujasaft
1 Teller mit einer dünnen Schicht Zucker
¼ Liter Mineralwasser
4 Sektschalen

Orangensaft und Maracujasaft mischen. Die Sektschalen am Rand mit etwas Fruchtsaft anfeuchten und in den Zucker tauchen. Jedes Glas mit dem Fruchtsaftgemisch füllen und mit etwas Mineralwasser ergänzen.

Kinder haben viel Durst. Im Vergleich zum geringen Gewicht besitzen ihre kleinen Körper eine große Oberfläche. So verdunstet über ihre Haut etwa dreimal mehr Flüssigkeit je Kilogramm Körpergewicht als bei Erwachsenen. Und in der Regel kennen Kinder keine Schonung, keine Bremse im oft schweißtreibenden Tun. Also wird geschwitzt – mehr und öfter als bei Erwachsenen im normalen Alltag. Niemand darf Kindern verwehren, diese lebensnotwendige Flüssigkeit zu ersetzen.
Doch wie und mit welchen Getränken? Viele verlockende Angebote eignen sich nur sehr bedingt, Durst richtig zu löschen. Dafür fördern üppig gesüßte Limonaden, Brausen und Instanttees eher den Durst. Mit Fruchtsaft oder wenig gezuckertem Fruchtnektar und mit Mineralwasser liegen Sie meist richtig. Der im Saft enthaltene Zucker entstammt ganz, im Nektar zu 25 bis 50 Prozent aus den verwendeten Früchten.

Tee für Kinder

Kalter Tee mit Ananas oder Pfirsich

Zutaten für 1 Glas:
1 gestrichener TL Schwarztee
⅛ Liter Wasser, Zucker
2 EL Ananas- oder Pfirsichsaft
1 EL süße Sahne
1 EL Ananas- oder Pfirsichpüree
1 hohes Trinkglas mit Strohhalm

Tee zubereiten und 4 Minuten ziehen lassen. Sparsam süßen und kalt werden lassen.
Fruchtsaft dazugeben und in das Glas füllen. Steifgeschlagene Sahne daraufsetzen und mit Fruchtpüree überziehen.

Teepunsch

Zutaten für 4 Gläser:
3–4 TL loser Schwarztee
oder 3–4 kleine Beutel
1 Liter Wasser, 3–4 EL Honig
je 2 unbehandelte Orangen und Zitronen
20 Erdbeeren
4 EL Orangensaft, 2 EL Zitronensaft
einige Pfefferminzblätter
4 Punschgläser

Tee aufbrühen und 4 Minuten ziehen lassen, mit Honig süßen und erkalten lassen.
Orangen und Zitronen gut waschen, in dünne Scheiben schneiden. Mit den ebenso geschnittenen Erdbeeren zum Tee geben. Fruchtsäfte dazugeben, durchrühren und auf die Gläser verteilen. Mit Pfefferminzblättern garnieren.

Apfeltee mit Eiscreme

Zutaten für 4 Gläser:
2 TL frische Pfefferminzblätter
oder 2 Teebeutel
400 ml Wasser, 1–2 EL Honig
½ Liter Apfelsaft
4–8 Kugeln Vanilleeis
4 größere Sektkelche

Pfefferminztee zubereiten, den Honig darin auflösen, Apfelsaft dazugeben und abkühlen lassen.
Vanilleeis auf schmale Sektkelche verteilen und den Tee darübergießen.
Jedes Glas mit einem Strohhalm servieren. Mit diesem so lange rühren, bis sich das Eis völlig aufgelöst hat.

Früchte- und Kräutertees bieten pur oder in Mischung mit Fruchtsäften vielerlei Möglichkeiten, den Durst gesund zu löschen. Leichtes Süßen mit Honig oder Kandiszucker ist zwar sehr beliebt, sollte aber stets sparsam erfolgen. Viele Tees dienen zudem als bewährte Hausmittel bei Störungen der Gesundheit wie Husten, Schnupfen, Magenschmerzen, Fieber oder Verdauungsstau.
Auch gegen Schwarz- und Grüntee spricht nichts, vorausgesetzt er wird genügend verdünnt. Seine anregende, konzentrationsfördernde Wirkung nach kurzem Ziehen von etwa 3 Minuten kommt Kindern genauso zugute wie Erwachsenen. Nur Kaffee dürfen wir unserem Nachwuchs auf keinen Fall zumuten.

Milch im Mix

Nuß-Flip

Zutaten für 1 Glas:

1 Becher Naturjoghurt (150–200 g)
2 EL süße Sahne
1 TL Schokoladen- oder Kakaopulver
1 Päckchen Vanillinzucker
1 TL gemahlene Haselnüsse
1 Trinkglas

Den Joghurt mit der Sahne und dem Schokoladen- oder Kakaopulver verrühren. Mit dem Vanillinzucker süßen und in das Glas füllen. Die Haselnüsse darüberstreuen.

Betthupferl

Zutaten für 1 Glas:

¼ Liter Vollmilch
1 vollreife Banane
1 EL Honig
etwas Zimt
1 Grogglas

Die Milch erwärmen und zusammen mit der Banane und dem Honig mixen. Alles in das Glas füllen und den Zimt einrühren. – Und: sollte der Name dieser Köstlichkeit wörtlich genommen worden sein, dann bitte nach Genuß und vor dem Schlafen das Zähneputzen nicht vergessen.

Sanddornmilch

Zutaten für 1 Glas:

¼ Liter kalte Vollmilch
2–3 TL ungesüßter Sanddornsaft
nach Belieben etwas Honig

Die Milch und den Saft und eventuell den Honig intensiv im Glas oder Becher verrühren.

Das Sprichwort „Milch allein tut's nicht, man muß auch was einbrocken" soll so verstanden werden, daß Milch, warm oder kalt getrunken, zwar nahrhaft ist, Nährwert und Genuß aber durch bestimmte Zugaben noch gesteigert werden können. Von den unzähligen Möglichkeiten dieser Anreicherungen haben wir hier drei genannt.

Keimsprossen-Frühstück

80 g Dinkelkeime

250 g Kefir

2 säuerliche Äpfel

2 Bananen

etwas Zitronensaft

1 EL Honig

einige Zitronenmelisseblätter

Das erste Frühstück ist eine wichtige Mahlzeit, da es die Energie für die ersten Stunden des Tages liefert. Menschen, die dem Frühstück nur wenig Bedeutung beimessen, sei gesagt, daß der Körper auch während des Schlafens Kalorien verbraucht. Schlaftrunkenheit, leichte Schwindelgefühle und Lustlosigkeit haben oft ihre Ursache in einem leeren Magen. Ein abwechslungsreich und nett hergerichteter Frühstückstisch kann auch bei hartnäckigen Frühstücksmuffeln den Appetit wecken. Hilft jedoch alle Mühe am frühen Morgen nichts, dann sorgen Sie am besten für ein reichhaltiges, möglichst vollwertiges zweites Frühstück.

Die Dinkelkeime in einer Schüssel, eventuell mit einem Mixstab zerkleinert, mit Kefir übergießen.

Die Äpfel gut waschen, entkernen und geschält oder ungeschält in Würfel schneiden und unter den Kefir rühren.

Die Bananen schälen, der Länge nach vierteln, in Scheiben schneiden und unter die anderen Zutaten mischen. Mit dem Zitronensaft und dem Honig abschmecken.

Alles vorsichtig durchmischen, auf 4 Glaspokale verteilen und mit jeweils einigen Melisseblättern garnieren.

Guten-Morgen-Salat

2 Orangen, Grapefruits oder Mandarinen

1 Kiwi

150 g Erdbeeren oder Himbeeren

50 g Haselnüsse

2 Becher Naturjoghurt (je 150–200 g)

1–2 EL Honig

etwas Zitronensaft

etwas geraspelte Schokolade oder

einige gehackte Pistazien

Für diesen Salat spricht eigentlich alles: Er ist erfrischend, gehaltvoll und schnell zubereitet. Außerdem ist er leicht und bekömmlich und hat immer Saison, denn die Obstzutaten lassen sich austauschen und abwandeln. Prinzipiell ist frisches Obst vorzuziehen, doch kann man auch die eine oder andere Obstkonserve verwenden, vorausgesetzt, sie ist nicht zu stark gesüßt.

Die Orangen, Grapefruits oder Mandarinen schälen und in Spalten zerlegen. Die Kiwi schälen, halbieren und in dünne Scheiben schneiden. Die Erdbeeren waschen, abzupfen und gegebenenfalls vierteln, die Himbeeren nur kurz abspülen.

Von den Früchten einige zum Garnieren zurücklegen und die übrigen vorsichtig miteinander vermischen.

Die Haselnüsse mahlen, über die Früchte streuen und den Joghurt darunterheben.

Mit dem Honig eher sparsam süßen und mit dem Zitronensaft abschmecken.

Den Salat in einer Glasschüssel anrichten und mit einigen Fruchtstücken garnieren. Schokoladenraspel oder Pistazienkerne geben diesem Salat einen zusätzlichen Farbtupfer.

Rosinenquark

100 g Rosinen

⅛ Liter Orangensaft

2 Birnen

2 Mandarinen

250 g Mager- oder Sahnequark

1 Messerspitze Vanillepulver
oder ½ TL Vanillinzucker

4 große Äpfel

etwas Zitronensaft

Es gibt wohl kein Milchprodukt, das vielseitiger und abwechslungsreicher zubereitet werden kann als Quark. Ernährungsphysiologisch ist Quark besonders hochwertig, denn in ihm sind alle Bestandteile der Milch in konzentrierter Form enthalten.
Rosinenquark kann zu jeder Tageszeit serviert werden. Als Frühstück gibt er müden Körpern eine Energiereserve für die ersten Stunden, als Zwischenmahlzeit sättigt er ohne Völlegefühl, er kann aber auch als Dessert eine Menüfolge angenehm abschließen.

Die Rosinen kurz in warmem Wasser abspülen und in dem Orangensaft quellen lassen.
Die Birnen schälen, würfeln und zu den Rosinen geben. Die Mandarinen schälen und in einzelne Filets zerpflücken.
Den Quark langsam unter die Früchte rühren und mit Vanillepulver oder Vanillinzucker abschmecken.
Die Äpfel waschen, mit einem Messer abdekkeln und mit einem Löffel so aushöhlen, daß noch ein dünner Rand stehenbleibt. Die ausgehöhlten Äpfel mit Zitronensaft ausreiben, das Fruchtfleisch ohne Kerngehäuse kleinschneiden und ebenfalls unter den Quark heben.
Jede Apfelhälfte mit einer entsprechenden Menge Quark füllen, den Deckel leicht versetzt aufsetzen und auf einem Teller anrichten.
Mit dem restlichen Quark garnieren.

Fruchtige Salatschüssel

1 Kopf Chinakohl
1 Kopf Radicchio
1 Chicorée
200–300 g Weintrauben
3 Orangen
1 Grapefruit
Für die Marinade:
2 Zitronen
200 g Naturjoghurt
1 TL Zucker
etwas Salz und Cayennepfeffer
Salatkräuter

Salat wurde schon am römischen Kaiserhof zu jeder Mahlzeit gereicht. Salatköche erhielten den Rang von Hofbeamten, und jede neue Salatmischung wurde mit einer Ordensverleihung an den Erfinder der kulinarischen Besonderheit gefeiert. Von König Friedrich Wilhelm I. wird erzählt, er habe es sich nicht nehmen lassen, bei besonderen Staatsempfängen den Salat für alle Anwesenden eigenhändig anzumachen.

Die Blattsalate putzen, halbieren, waschen, jeweils den Strunk entfernen und in mundgerechte Stücke zerpflücken.
Chicorée vom kegelförmig ausgeschnittenen Strunk befreien, in 1–2 cm dicke Streifen schneiden.
Weintrauben waschen, halbieren, eventuell entkernen. Orangen und Grapefruit schälen und in Filets zerlegen. Das Obst unter den Salat mengen.
Für die Marinade: Zitronen schälen, in Filets zerlegen und den dabei herabtropfenden Saft auffangen.
Joghurt mit Zitronenfilets und Zitronensaft, Zucker, Salz und Cayennepfeffer verrühren und mit den Salatkräutern abrunden.
Den Salat auf einer Glasplatte oder auf Salattellern anrichten und die Joghurtmarinade darauf verteilen.

Gemischte Salatschüssel

½ Kopfsalat

1 Radicchio

1 Chicorée

2 Tomaten

1 Bund Radieschen

100 g rote oder grüne Bohnenkerne

1 Bund Würzkresse

1 Bund Schnittlauch

Für die Marinade:

1 EL Mayonnaise

1 Becher Naturjoghurt (150–200 g)

½ TL Zucker

je 1 Messerspitze Salz und Cayennepfeffer

1 Zitrone

2 Scheiben Toastbrot

etwas Butter

Es gibt nur wenige Menschen, die einem bunten Salatteller widerstehen. Wenn Kinder dennoch gelegentlich keinen Salat essen, dann liegt es häufig daran, daß wir Erwachsenen den Salat nicht kindgerecht würzen. Allzuoft richten wir die Essig- und Salzzugabe nach unserem eigenen Geschmack, ohne zu berücksichtigen, daß Kinder eine viel empfindlichere Geschmackswahrnehmung haben. Dieser Salat wird gänzlich ohne Essig angemacht, es wird aber deshalb nicht auf erfrischende Säure verzichtet. Die erhält er durch die Zugabe von Zitronenjoghurt.

Die Blattsalate putzen, waschen und in mundgerechte Stücke zerpflücken, den Chicorée von dem kegelförmig ausgeschnittenen Strunk befreien und in schmale Streifen schneiden.

Die Tomaten achteln, die Radieschen in Scheibchen schneiden und mit den Bohnenkernen, der Kresse und dem geschnittenen Schnittlauch unter die Salate mischen.

Für die Marinade die Mayonnaise in eine kleinere Schüssel geben, langsam den Joghurt einrühren und würzen.

Die Zitronen schälen, die Filets herauslösen und in die Marinade geben. Die Marinade unter den Salat heben.

Die Toastscheiben in Würfel schneiden, in Butter rösten und über den Salat streuen.

Geflügel-Cup
Wurst-Nudel-Salat

Zutaten für den Geflügel-Cup:

250 g gekochtes Geflügelfleisch

1 Apfel

2 Scheiben Ananas

4 Spritzer Worcestersauce

1 TL Zitronensaft

je 1 Messerspitze Cayennepfeffer und Curry

etwas Salz

Für die Sauce:

je 3 EL Mayonnaise und süße Sahne

1 Messerspitze Meerrettich

½ TL Tomaten-Ketchup

etwas Salz und Cayennepfeffer

Zum Garnieren:

4 Salatblätter

4 Kirschen

Toastbrot, etwas Butter

Das Geflügelfleisch würfeln. Den Apfel schälen, entkernen und würfeln. Ebenso die Ananasringe würfeln.

Die Zutaten vermischen und mit der Worcestersauce, dem Zitronensaft und den Gewürzen abschmecken.

Für die Sauce: Die Mayonnaise mit der Sahne, dem Meerrettich, dem Ketchup und den Gewürzen verrühren. Gut die Hälfte der Sauce unter die marinierten Zutaten heben und alles kalt stellen.

Nach etwa 30 Minuten 4 Glaspokale mit den Salatblättern auslegen und mit einer entsprechenden Menge Salat füllen. Die restliche Sauce darüber verteilen und mit je einer Kirsche garnieren.

Einige Toastbrotscheiben rösten und mit Butterröllchen zu den Geflügel-Cups servieren.

Zutaten für den Wurst-Nudel-Salat:

250 g Spiralnudeln

250 g Fleischwurst oder Lyoner Wurst

je ½ Schote roter und grüner Paprika

50 g Feldsalat

Für die Marinade:

4 EL Sonnenblumenöl

2 EL Kräuteressig

1 EL Zwiebelwürfel

jeweils etwas Salz, Senfpulver, Pfeffer und Zucker

Zum Garnieren:

2 Scheiben Toastbrot

Knoblauchbutter

1 EL Schnittlauch

Die Nudeln etwa 8 Minuten kochen und abkühlen lassen.

Die Wurst enthäuten und in nicht zu kleine Würfel schneiden. Die Paprikaschoten waschen und ebenfalls würfeln. Paprika- und Wurstwürfel unter die Nudeln mischen.

Feldsalat gut waschen und abtropfen lassen.

Für die Marinade: Sonnenblumenöl und Essig langsam verrühren, Zwiebelwürfel und Gewürze dazugeben. Die Marinade soll pikant, jedoch nicht scharf werden.

Die anderen Zutaten und die Marinade durchmischen und 10 Minuten ziehen lassen.

Auf einer Platte den Feldsalat auslegen und den marinierten Salat darüber anrichten.

Gewürfeltes Toastbrot in Knoblauchbutter rösten. Den Salat mit diesen Croûtons und dem Schnittlauch bestreuen.

Gefülltes Ei im Gemüsebeet

100 g Karotten

100 g Erbsen

150 g gekochte Kartoffeln

100 g gekochte Rote Bete

4 EL Mayonnaise

2 EL saure Sahne

jeweils etwas Salz, Muskat und Pfeffer

Für die gefüllten Eier:

4 hartgekochte Eier

100 g Butter

jeweils etwas Cayennepfeffer, Worcestersauce und Salz

je 1 TL Senf und Schnittlauch

Zum Garnieren:

8 kleine Petersiliezweige

8 kleine Salamischeiben

Die Qualität von Lebensmitteln muß gekennzeichnet werden, so verlangt es das Gesetz. Doch oft bleiben dabei Lücken. Ob ein Ei tatsächlich frisch ist, kann jeder selbst testen: Frische Eier erkennt man daran, daß sie, in einer Tasse oder Untertasse aufgeschlagen, einen stark nach oben gewölbten Eidotter und ein nicht auseinanderfließendes Eiweiß haben. Oder Sie füllen eine Schale mit kaltem Wasser: Ungeschälte frische Eier sinken darin zu Boden, ältere richten sich auf, sie sollten nicht mehr verwendet werden.

Karotten in kleine Würfel schneiden und zusammen mit den Erbsen dünsten. Gekochte Kartoffeln und Rote Bete würfeln und unter das andere Gemüse mischen. Alles beiseite stellen und abkühlen lassen.

Mayonnaise mit saurer Sahne und den Gewürzen verrühren und unter das Gemüse mischen.

Eier schälen und halbieren. Eigelb herausnehmen und zusammen mit der weichen Butter durch ein Sieb streichen. Die Masse würzen und zu einer cremigen Paste verrühren.

Mit Hilfe eines Spritzbeutels und einer Lochtülle die Eimasse in die Eihälften füllen. Jede Eihälfte mit einem Petersiliezweig garnieren. Den Gemüsesalat auf einem Serviertablett mit den Eihälften obenauf anrichten und mit Tüten aus Salamischeiben garnieren.

Rustikaler Gerstensalat

Für die Marinade:

3 EL Sonnenblumenöl

2 EL Obstessig

Für den Salat:

500 g vorgegarte Gerste

1 halbe Salatgurke

3 Tomaten

1 Lauchzwiebel

2 EL gehackte Kräuter

½ TL Würzsalz oder Kräutersalz

1 Becher saure Sahne (150–200 g)

einige gewaschene Salatblätter

8 dünne Scheiben Kasseler

2 hartgekochte Eier

Grundlage dieses Salates sind geschälte und vorgekochte Gerstenkörner. Die entsprechende Menge küchenfertige Gerste wird mehrere Stunden, am besten über Nacht, in einer Gemüse- oder Fleischbrühe eingeweicht und dann in dieser Flüssigkeit 25 Minuten gar gekocht. Dann läßt man sie nachquellen und auskühlen. Dieser Salat sollte nicht direkt aus dem Kühlschrank serviert werden. Etwas temperiert schmeckt er aromatischer und ist bekömmlicher.

Das Sonnenblumenöl in eine Schüssel geben und den Essig langsam mit einem Schneebesen einrühren. Die Gerste zu der Marinade geben und gut durchmischen.

Die Salatgurke in dickere Scheiben, dann in Streifen und diese in Würfel schneiden. Mit den Tomaten ebenso verfahren. Die Lauchzwiebel in feine Streifen schneiden und alles unter die Gerste heben. Die Kräuter, das Salz und die saure Sahne dazugeben und gut durchmischen.

Die Salatblätter auf einer Platte auslegen und den Gerstensalat darauf verteilen. Die Kasselerscheiben einzeln zusammenrollen und abwechselnd mit Achteln oder Vierteln der Eier an den Salat anlegen.

Frühlingssuppe

2 Karotten

½ Stange Porree

100 g Knollensellerie

3 Tomaten

½ Zwiebel

1 EL Öl

1 TL Tomatenmark

jeweils etwas Salz, Muskat, Pfeffer und
Oregano

1 Liter Gemüsebrühe

30 g Langkornreis oder Eiermuschelnudeln

Zu keiner Zeit gab es ein größeres und vielfältigeres Angebot an Frischgemüse als heute. Dank moderner Anbau- und Transportmethoden gelingt es, tagtäglich erntefrisches Gemüse zum Verbraucher zu bringen. Dennoch empfiehlt es sich, Gemüse zu kaufen, das gerade bei uns Saison hat. Es ist oft preiswerter und aromatischer als von weither transportierte Ware. Auch wenn die Suppe nach einer Jahreszeit benannt ist, so ist sie durch die verwendeten Zutaten doch fast zeitlos. Und wer einen Nutzgarten hat, kann selbst erzeugtes Gemüse frisch oder aus dem Gefrierschrank verwenden.

Das Gemüse putzen und waschen. Karotten, Porree und Sellerie in dünne Rauten schneiden.

Die Tomaten kurz in kochendes Wasser tauchen, enthäuten und beiseite stellen.

Die Zwiebel würfeln und im Öl andünsten. Karotten und Sellerie dazugeben und 5 Minuten dünsten lassen. Den Porree hinzufügen, das Tomatenmark einrühren und würzen.

Die Brühe angießen, aufkochen und nun den Reis oder die Nudeln dazugeben, zudecken und 15 Minuten köcheln lassen.

Bei Bedarf nachwürzen und die Suppe in vorgewärmte Tassen füllen.

Die enthäuteten Tomaten halbieren, entkernen, in kleine Stücke schneiden und auf die Suppentassen verteilen.

Herzhafte Grießsuppe
Kartoffelsuppe

Zutaten für die Grießsuppe:

1 Liter Wasser

2 gestrichene EL ungesalzene Instant-Fleisch- oder -Gemüsebrühe

1 EL Butter, 60 g Vollkorngrieß

etwas Muskat und Salz

2 Eier

1 EL Schnittlauchröllchen

Zutaten für die Kartoffelsuppe:

50 g Bauchspeck

400 g mehlig kochende Kartoffeln

1 Liter Fleischbrühe

jeweils etwas Salz, Muskat, Pfeffer und Majoran

1/8 Liter süße Sahne

etwas Kerbel

3 Scheiben Toastbrot

2 EL Butter

Getreide zählt von jeher zu den wichtigsten Grundnahrungsmitteln der Menschheit. Die Ursorten sind im Laufe der Zeit verschwunden, aus ihnen wurden widerstandsfähigere und vor allem ertragreichere Sorten entwickelt. Auch die Verarbeitungstechniken haben sich grundlegend gewandelt. Doch die Bedeutung von Getreide für unsere Nahrung ist gleich geblieben.

Wasser mit Instant-Brühe erhitzen und gut umrühren.
In einem geeigneten Topf die Butter schmelzen, den Grieß langsam einrieseln lassen und dabei mit dem Schneebesen gut durchrühren. Nach 5 Minuten die heiße Brühe dazugeben und alles unter ständigem Rühren 5 Minuten köcheln lassen.
Die Herdplatte ausschalten, den Topf zudekken und 10 Minuten nachquellen lassen, dabei einige Male durchrühren. Die Suppe mit Muskat und Salz würzen.
Die Eier in eine Tasse schlagen, verquirlen und langsam in die heiße Suppe einlaufen lassen, dabei ständig mit dem Schneebesen rühren, damit schöne Eierflocken entstehen.
Zum Schluß den Schnittlauch darüberstreuen.

Die Vielzahl der Kartoffelsorten kennen meist nur Fachleute. Was aber jeder wissen sollte, sind die drei unterschiedlichen Kochtypen, zu denen sich eine Vielzahl von Kartoffelsorten zusammenfassen lassen. Für Kartoffelsalat und Bratkartoffeln braucht man eine fest kochende Sorte, für Pommes frites und Rösti eine vorwiegend fest kochende Sorte. Für unsere Suppe ist aber unbedingt eine mehlig kochende Sorte erforderlich.

Den Bauchspeck kleinschneiden und in einem Topf auslassen.
Die Kartoffeln in kleine Stücke schneiden und zum Speck geben. Die Fleischbrühe angießen, würzen und alles 10–12 Minuten garen.
Die weich gekochten Kartoffeln zusammen mit der Brühe pürieren und die Sahne zugeben. Nachwürzen und den Kerbel einstreuen.
Das Toastbrot in gleichmäßige Würfel schneiden und in der erhitzten Butter bräunen lassen.
Die Suppe in Tassen anrichten und auf jede Tasse einige Brotwürfel geben.

Fruchtkaltschale mit Schneeflocken

250 g Erdbeeren
oder entsteinte Sauerkirschen
50 g Zucker
½ Liter Wasser
20 g Sago
¼ Liter Mineralwasser
1 Meringue

In den warmen Jahreszeiten sind Kaltschalen eine erfrischende Abwechslung. Man kann sie aus einer Fruchtart oder einer Mischung aus mehreren Früchten herstellen. Die Zuckerzugabe hängt vom Charakter der Frucht ab, sie sollte jedoch sehr knapp gehalten werden, da sonst die erfrischende Wirkung leidet.

Von den Erdbeeren oder den Kirschen 8 Stück beiseite legen. Die restlichen Früchte mit dem Zucker und der Hälfte des Wassers aufkochen. Die andere Hälfte des Wassers mit dem Sago 10 Minuten zugedeckt köcheln lassen. Die aufgekochten Früchte durch ein Sieb passieren und das Sago-Wasser zum Fruchtsaft geben.

Die ganzen Früchte vierteln, zum Fruchtsaft geben, zudecken und kalt stellen.

Das Mineralwasser kühlen, unter den kalten Fruchtsaft mischen und in Suppentassen füllen.

Die Meringue in Stücke schneiden und über die Kaltschale streuen.

Gebackene Fischkrapfen in Senfsauce

600 g Fischfilet
1 EL Zitronensaft
etwas Mehl zum Bestäuben
Für den Teig:
150 g Mehl
⅛ Liter Milch
2 Eier
etwas Salz und Muskat
Zum Ausbacken:
Butterschmalz oder Pflanzenfett
Für die Sauce:
4 EL Mayonnaise
1 EL Senf
1 hartgekochtes Ei
Zahnstocher

Manche Ernährungsfachleute fordern, daß mindestens einmal in der Woche frischer Seefisch auf dem Speisezettel stehen sollte, weil Fischeiweiß leichtverdaulich ist und das wichtige Spurenelement Jod nur in Fischen steckt. Was als täglicher Bedarf an Jod genannt wird, läßt sich aber auch durch die Verwendung jodierten Kochsalzes decken oder durch Hinzufügen getrockneter Meeresalgen zu Suppen oder Eintöpfen. Jodiertes Salz darf seit Herbst 1989 offiziell in der Herstellung von Lebensmitteln eingesetzt werden. Es hat zudem den Vorteil – auch für den Hausgebrauch –, daß man für die gleiche Würzkraft wie von normalem Kochsalz sparsamer dosieren kann. Für unsere Fischkrapfen können Sie beliebigen Fisch wählen, er muß jedoch frisch und grätenfrei sein. Dazu paßt gut ein fruchtiger Salat, und dieser schmackhaften Augenweide wird niemand widerstehen.

Das Fischfilet in etwa 15 gleich große Stücke schneiden und mit dem Zitronensaft beträufeln.

Jedes Filetstück auf einen Zahnstocher stecken und mit Mehl bestäuben.

Für den Teig Mehl und Milch verrühren. Eier trennen, das Eigelb sofort unterrühren, das Eiweiß mit dem Schneebesen anschlagen und dann unterheben. Den Teig mit Salz und Muskat würzen.

Zum Ausbacken das Fett auf etwa 160 °C erhitzen (am Stiel eines Holzkochlöffels entwickeln sich bei dieser Temperatur Dampfblasen). Die Fischspießchen in den Teig tauchen und im Fett goldgelb backen.

Die gebackenen Krapfen mit einer Schöpfkelle aus dem Fett nehmen, auf Küchenkrepp abtupfen und anrichten.

Für die Sauce Mayonnaise mit Senf und dem in Würfel geschnittenen Ei verrühren.

Grünkernrisotto mit Geflügelragout

1 Poularde
6 gestrichene EL Instant-Gemüsebrühe
3 Liter Wasser
Für den Risotto:
250 g Grünkern
1 EL Butterschmalz
1 Zwiebel
Für die Sauce:
60 g Butter
60 g Mehl
1 TL Zitronensaft
1 Messerspitze Pfeffer
einige Spritzer Worcestersauce
etwas Salz
2 Eigelb
⅛ Liter süße Sahne
Zum Bestreuen:
1 EL geriebener Parmesan

Wer von Risotto spricht, denkt meist an Reis. Daß Grünkern sich für eine derartige Zubereitung genausogut eignet, ist noch wenigen bekannt. Grünkern wird durch ein spezielles Verfahren aus unreifem, grünem Dinkel gewonnen. Im Nährwert ist er dem Naturreis mindestens ebenbürtig, doch sicher dem geschälten Reis überlegen.

Die Poularde kurz in kaltem Wasser abspülen, in die Gemüsebrühe legen, 30 Minuten köcheln und in der Brühe abkühlen lassen.

Für den Risotto: Den Grünkern in ¾ Liter dieses Kochsuds einweichen.

In einem Topf das Butterschmalz erhitzen, die Zwiebel würfeln und darin dünsten, den Grünkern dazugeben, zudecken und 25 Minuten köcheln lassen.

Für die Sauce: In einem weiteren Topf die Butter schmelzen, das Mehl einrühren und mit ½ Liter des Poulardensuds auffüllen. Mit einem Rührbesen alles gut durchrühren, aufkochen, mit Zitronensaft, Pfeffer, Worcestersauce und Salz würzen und vom Herd nehmen.

Die Poularde von den Knochen und der Haut befreien, in mundgerechte Stücke schneiden und diese in die Sauce geben. Unter vorsichtigem Rühren 5 Minuten kochen lassen, danach vom Herd nehmen.

Eigelb mit der Sahne verrühren und in die Geflügelsauce einrühren.

Den Grünkern in eine flache feuerfeste Form geben und einen Rand bilden, in die Mitte das Ragout füllen. Mit dem Parmesan bestreuen und 10–15 Minuten überbacken.

Gefüllte Hähnchenkeulen

2 große Poulardenkeulen

jeweils etwas Pfeffer, Paprikapulver und Salz

100 g Kalbs- oder Wurstbrät

50 g gekochter Schinken

50 g roter oder grüner Gemüsepaprika

etwas Muskat und Senfpulver

1 EL Öl

200 g Bandnudeln

¼ Liter Paprikasauce

Der französische König Heinrich IV. – er regierte von 1589 bis 1610 – versprach seinen Untertanen, er werde dafür Sorge tragen, daß sie sonntags ein „Huhn im Topf" haben sollten. Der populäre, als tolerant und wohltätig beschriebene König wollte sich so die Sympathien seines Volkes sichern. An dieser Anekdote läßt sich ablesen, wie geschätzt Geflügel schon in früheren Zeiten war. Daß diese Hochschätzung etwas gelitten hat, ist wohl auch darauf zurückzuführen, daß wir heute Geflügel in fast unerschöpflichen Mengen zur Verfügung haben.

Die Poulardenkeulen so aufschneiden, daß die Knochen sich herauslösen lassen. Die ausgelösten Keulen an der Innenseite mit Pfeffer, Paprikapulver und Salz würzen.

Das Kalbs- oder Wurstbrät in eine Schüssel geben. Den Schinken und den Gemüsepaprika in feine Würfelchen schneiden und zusammen mit den Gewürzen in das Brät einarbeiten.

Die Keulen mit der Masse füllen und so formen, daß wieder die ursprüngliche Keulenform hergestellt ist.

Das Öl mit etwas Paprikapulver, Pfeffer und Salz verrühren und damit die Oberfläche der Keulen einstreichen. Den Backofen auf 180 °C vorwärmen, die Keulen auf ein Blech legen und 15–20 Minuten backen. Während des Backens die Keulen zwei- bis dreimal mit dem Würzöl einpinseln.

Bandnudeln in 1 Liter Salzwasser bißfest kochen, abtropfen lassen.

Die gebackenen Keulen in je 4 Scheiben schneiden und auf den vorbereiteten Bandnudeln anrichten. Die Paprikasauce so darübergießen, daß die Keulenscheiben nur zur Hälfte damit bedeckt sind.

Makkaroniauflauf mit Paprikasauce

| je 100 g Karotten, Spargel und Erbsen |
| 100 g gekochter Schinken |
| 350 g Makkaroni |
| 1 EL Öl |
| 1 EL Butter |
| 2 EL Paniermehl |
| 6 Eier |
| ½ Liter Milch |
| ½ TL Salz |
| 1 Messerspitze Muskat |
| Für die Sauce: |
| 1 grüne Paprikaschote |
| etwas Butter |
| ¼ Liter Paprikasauce |

Unter Makkaroni verstehen wir die tulpenstengeldicken Röhrennudeln, die aus Hartweizengrieß hergestellt sind. Bei unserer Zubereitung übernehmen sie zwei Aufgaben. Zum einen sorgen sie für Sättigung, und andererseits geben sie dem fertigen Gericht ein anziehendes, bienenwabenähnliches Aussehen.

Die Karotten würfeln, Spargel in Stücke schneiden und zusammen mit den Erbsen in wenig Wasser etwa 10 Minuten dünsten. Oder je 100 g fertiges Dosengemüse nehmen. Den Schinken würfeln und mit dem Gemüse vermischen.

Die Makkaroni in 2–3 Liter Salzwasser, dem Öl beigegeben wurde, 8–10 Minuten noch bißfest kochen, abschütten und abtropfen lassen.

1 große Auflaufform ausbuttern und mit dem Paniermehl ausstreuen. Den Boden der Auflaufform mit Makkaroni abdecken, abwechselnd eine Schicht Schinken-Gemüse-Mischung und Makkaroni einlegen. Mit Makkaroni abschließen.

Die Eier mit der Milch und den Gewürzen verquirlen und in die Auflaufform gießen, mit einer Gabel nachhelfen, damit die Eiermilch überall durchsickern kann.

Den Auflauf im Backofen bei 180 °C backen, bis die Masse vollkommen eingedickt ist.

Den Makkaroniauflauf aus der Form kippen und in Stücke schneiden.

Für die Sauce: Die Paprikaschote von den Scheidewänden befreien und würfeln, in Butter dünsten, mit der Paprikasauce angießen, aufkochen lassen und zu dem Auflauf servieren.

Rahmnudeln mit Fleisch-Käse-Bällchen

350 g helle oder Vollkorn-Bandnudeln

Für die Bällchen:

100 g Edamer Käse

300 g gemischtes Hackfleisch

2 Eier

2 EL Paniermehl

1 Bund Petersilie

½ TL Salz

je 1 Messerspitze Pfeffer und Paprikapulver

etwas Muskat

Zum Anbraten:

Butterschmalz

Für die Rahmnudeln:

¼ Liter süße Sahne

Nudeln gelten als reine Naturprodukte, denn sie dürfen nur Mehl oder Grieß, Wasser und Milch enthalten. Bei Eiernudeln kommt noch eine bestimmte Menge an Eiern hinzu, bei grünen und anders gefärbten Nudeln auch Gemüse und Gewürze. Eier machen die Nudeln zart und locker und geben ihnen eine appetitlich gelbe Farbe. Bei italienischen Nudeln aus Hartweizengrieß ist in erster Linie die Farbe des Grießes für das Aussehen von Bedeutung, weniger die der Eier, auf die ja bei manchen Nudelsorten ganz verzichtet wird. Insbesondere Vollkornnudeln sind ein wichtiges Nahrungsmittel für Kinder, da sie viele wertvolle Ballaststoffe, B-Vitamine und Spurenelemente enthalten, leicht verdaulich sind und schnell Energie liefern.

Nudeln in 2–3 Liter Salzwasser 8–10 Minuten kochen, abgießen, kurz abspülen und warm stellen.

Für die Bällchen: Käse in kleine Würfelchen schneiden und in einer Schüssel unter das Hackfleisch mischen. Eier, Paniermehl und feingeschnittene Petersilie dazugeben, würzen und einen pikanten Fleischteig kneten. Von dem Fleischteig jeweils etwa 40 g schwere Stücke nehmen und zu Klößchen formen.

In einer Pfanne Butterschmalz erhitzen, darin die Klößchen rundum anbraten und bei schwacher Hitze garziehen lassen.

Nudeln in einem Topf mit der Sahne angießen, eventuell noch leicht würzen und erhitzen.

Die Rahmnudeln in einer Schüssel anrichten und die Fleischbällchen daraufsetzen.

Ravioli in Champignonrahm

Für den Ravioliteig:

300 g Weizenmehl

50 g Hartweizengrieß

⅛ Liter Wasser

2 Eier

etwas Muskat und Salz

Für die Füllung:

je 100 g Karotten, Porree und Sellerie

1 EL Butter

⅛ Liter Wasser

250 g Hackfleisch

2 Eier

2 EL Petersilie

jeweils etwas Pfeffer, Muskat und Salz

1 TL Senf

Für die Sauce:

1 Zwiebel

250 g Champignons

etwas Kräutersalz

¼ Liter süße Sahne

1 EL Speisestärke

Zum Bestreuen: 1 EL Schnittlauchröllchen oder gehackte Petersilie

Wer von Ravioli spricht, denkt an Italien. Es wurde bisher nicht widerlegt, wird aber von vielen Italienern angezweifelt, daß in China und Indien lange vor Italien eine „Nudelkultur" gepflegt wurde. Marco Polo soll es gewesen sein, der die Rezepte für die Nudelbereitung Ende des 13. Jahrhunderts von seinen Asienreisen mitbrachte.

Für den Ravioliteig: Das Mehl mit dem Grieß, mit Wasser, Eiern und Gewürzen zu einem festen Teig verkneten. Die Festigkeit durch Mehl- oder Wasserzugabe regulieren und 20 Minuten ruhen lassen.

Für die Füllung: Das Gemüse in kurze, feine Streifen schneiden und mit der Butter und dem Wasser dünsten. Zusammen mit dem Hackfleisch, den Eiern, den Gewürzen und dem Senf in einer Schüssel zu einem pikanten Teig kneten.

Den Ravioliteig in 2 oder 3 Stücke teilen und diese möglichst rechteckig und sehr dünn ausrollen. Die Füllung auf den Teigplatten ausstreichen und deren Ränder etwas anfeuchten. Die Teigplatten zu einem Drittel zusammenfalten und am Rand gut andrücken. Mit einem Kochlöffelstiel alle 5 Zentimeter die Teigrolle abdrücken und mit einem Messer durchschneiden.

In einem Topf 3 Liter Wasser aufkochen, leicht salzen und darin die Ravioli garziehen lassen.

Für die Sauce: Die Zwiebel würfeln und in Butter dünsten, die gewaschenen und in Scheiben geschnittenen Champignons hinzufügen, würzen, dünsten und die Sahne angießen. Alles aufkochen lassen und die Speisestärke einrühren.

Die Ravioli aus dem Wasser nehmen, in einer flachen Form anrichten und die Champignonsauce darübergießen. Mit Schnittlauch oder Petersilie bestreuen.

Schnitzel „Max und Moritz"

Für die Beilage:

300–350 g Spaghetti

etwas Öl

Für das Fleisch:

je 4 Kalbs- und Schweineschnitzel à 60 g

½ TL Salz

je 1 Messerspitze Pfeffer und Paprika

4 Eier

100 g Hartkäse

2 EL Mehl

2 EL Butterschmalz

Für die Sauce:

150–200 g frische Tomaten

oder 125 g Dosentomaten

oder 2 EL Tomatenmark

1 Prise Kräutersalz

etwas Oregano

Für die Spaghetti:

1 EL Butter

je 1 Prise Salz, Pfeffer und Oregano

Bei diesen Schnitzeln fielen mir wieder die Streiche der beiden „bösen Buben" aus Wilhelm Buschs Feder ein. Ich konnte mir so richtig vorstellen, wie die beiden sich fühlten, als sie beim Bäcker in den Teigtrog fielen. Weil meine Schnitzel in etwas ähnlicher Weise entstehen, nannte ich sie kurzerhand nach den Lausbuben.

Die Spaghetti in 2 Liter Salzwasser, dem Öl beigegeben wurde, 8–10 Minuten noch bißfest kochen, gegebenenfalls kurz abspülen und zugedeckt beiseite stellen.

Die Schnitzel leicht klopfen und würzen.

Die Eier verquirlen und den geriebenen Käse einrühren. Jedes Schnitzel beidseitig in Mehl wälzen und in die Käse-Eier-Masse tauchen. Das Butterschmalz in einer Bratpfanne erhitzen und darin die Schnitzel beidseitig goldgelb backen.

Für die Sauce: Bei Verwendung frischer Tomaten diese etwa 1 Minute in heißem Wasser überbrühen, häuten und pürieren. Die fertigen Dosentomaten nur passieren, eventuell würzen. Oder man verrührt das Tomatenmark in ⅛ Liter Wasser, würzt und läßt die Sauce bei kleiner Flamme etwa 5 Minuten köcheln.

Die Spaghetti in einer Pfanne mit Butter und Gewürzen anschwenken.

Die Spaghetti in einer Schüssel anrichten und die gebackenen Schnitzel daraufsetzen. Jeweils einen kleinen Eßlöffel Tomatensauce über die Schnitzel geben.

Truthahn in Orangensauce mit Porreereis

250 g Naturreis oder Langkornreis

etwas Öl

½ TL Salz

½ Liter Wasser

Für das Fleisch:

500–600 g Truthahnbrust

2 EL Öl

1 TL Edelsüßpaprika

je 1 Messerspitze Pfeffer,

Muskat und Senfpulver

etwas Ingwerpulver

Für die Sauce:

etwas Orangenabrieb

1 TL Zucker

etwas Butter

1 Tasse Orangen- oder

Mandarinenfilets mit Saft

⅛ Liter süße Sahne

¼ Liter Bratensauce

jeweils etwas Speisestärke, Cayennepfeffer

und Salz

Zum Anbraten: 3 EL Butterschmalz

Für den Porreereis:

1 Zwiebel

150–200 g Porree

1 TL Instant-Gemüsebrühe oder -Fleischbrühe

1 EL gehobelte und geröstete Mandeln

Truthahnfleisch ist bekömmlich, kalorienarm, eiweißreich und schmackhaft. Die Zubereitung mit Orangen unterstreicht die Exotik, die dem Truthahn noch immer anhaftet. Ein echtes Vollwertgericht wird es dann, wenn der Truthahn artgerecht und natürlich gefüttert und gehalten wurde und wenn Sie für die Beilage Naturreis verwenden.

Den Reis waschen und im Öl anrösten, dann im Salzwasser kurz aufkochen und auf kleiner Flamme zugedeckt je nach Sorte 25–45 Minuten quellen lassen, bis er noch bißfest ist.

Inzwischen das Truthahnfleisch in kleine dünne Schnitzelchen schneiden. In das Öl Paprikapulver, Pfeffer, Muskat, Senf- und Ingwerpulver einrühren und mit diesem Würzöl das Fleisch marinieren.

Für die Sauce: Den Orangenabrieb mit Zucker und Butter in einem Topf erhitzen, mit dem Saft der Orangen ablöschen, die Fruchtfilets dazugeben, Sahne und Bratensauce einrühren und aufkochen. Nur so viel Speisestärke nehmen, daß eine leichte Bindung entsteht. Mit Cayennepfeffer und Salz würzen.

In einem zweiten Topf das Butterschmalz erhitzen und das Fleisch darin unter ständigem Rühren anbraten, vom Feuer nehmen und 5 Minuten ziehen lassen. Die vorbereitete Sauce unter das Fleisch rühren, nicht mehr kochen lassen, aber warm halten.

Die Zwiebel würfeln, dünsten und den in dünne Streifen geschnittenen Porree dazugeben und mitdünsten. Den Reis in einem Sieb mit klarem Wasser abspülen und zum Porree geben. Die Brühe einstreuen, durchrühren und 20 Minuten zugedeckt garziehen lassen.

Den fertigen Porreereis in Ringform auf einer Platte anrichten, das Truthahnfleisch in den Innenring füllen und mit den Mandeln bestreuen.

Bunte Wurstspieße
Wurstgulasch

Zutaten für die Wurstspieße:

2 Wiener Würstchen, 250 g Fleischwurst
2 Kalbsbratwürste, 8 Rostbratwürstchen
à 50 g
8 Bauchspeckscheiben, 1 Zwiebel
je 1 rote und grüne Paprikaschote
8 Champignonköpfe, 4 Maiskölbchen
Öl, 8 Holzspieße

Zutaten für den Wurstgulasch:

500 g Fleischwurst oder Lyoner Wurst
500 g Kartoffeln, 1 Salatgurke
1 Zwiebel, 1 EL Butterschmalz
½ Liter Fleischbrühe
jeweils etwas Muskat, Pfeffer und Salz
2 EL Speisestärke, 2 EL Wasser
2 Tomaten

Trotz ähnlicher Grundmasse und Herstellungsweise unterscheiden sich die hier verwendeten Würste erheblich in der Würzung und im Aussehen. Dieser Umstand und die Buntheit des Gemüses verhelfen uns dazu, möglichst farbige Spieße zu stecken. Grillen ist übrigens nachweislich keine Erfindung unserer Tage, sondern die älteste Methode, Speisen zu garen. Nur verwendeten unsere Vorfahren, die Höhlenbewohner, durchweg offenes Feuer, während heute Grillparties leicht auch in geschlossenen Räumen gefeiert werden können.

Alle Würste in je 8 Stücke oder Scheiben schneiden, Bauchspeckscheiben halbieren, Zwiebel in grobe Stücke, Paprikaschoten in grobe Vierecke schneiden.
Auf jeden Holzspieß nun abwechselnd Wurst, Speck, Zwiebel, Paprika, Champignonkopf und Mais stecken, so daß möglichst bunte und abwechslungsreiche Spieße entstehen. Die gesteckten Spieße mit Öl einpinseln und auf einem Grill oder in der Pfanne braten.
Mit Senf oder Ketchup und einigen Scheiben Bauernbrot servieren.

Aus der Vielzahl an Wurstsorten – über 1500 allein in Deutschland – benötigen wir für diesen Gulasch eine Brühwurstsorte, die möglichst frisch verarbeitet werden muß.

Die Wurst pellen und in grobe Stücke schneiden. Die Kartoffeln schälen, vierteln und in Würfel schneiden. Die Salatgurke vierteln, die Kerne entfernen und die Viertel in grobe Stücke schneiden.
Die Zwiebel würfeln, in Butterschmalz dünsten, die Kartoffeln dazugeben, mit der Brühe angießen und zugedeckt 10 Minuten köcheln lassen. Nun die Gurken und die Wurststücke dazugeben, würzen und nochmals 10 Minuten ziehen lassen. Die Speisestärke mit Wasser anrühren und unter die Masse rühren.
Die Tomaten vom Strunk befreien, 1 Minute in kochendes Wasser legen, enthäuten, halbieren, entkernen, in Würfelchen schneiden, unterheben und alles anrichten.

Würstchen auf Ananaskraut in Blätterteig

1 Paket Tiefkühlblätterteig
(4 Scheiben zu 60 g)
1 Zwiebel
2 EL Butterschmalz
250 g vorgekochtes Sauerkraut
2 Ananasscheiben, etwas Ananassaft
8 Rostbratwürstchen à 50 g
4 Eigelb

So vielfältig wie das Wurstangebot sind die Möglichkeiten, schmackhafte kalte und warme Gerichte mit Wurst auf den Tisch zu bringen. Für Anlässe, bei denen man schnell etwas Warmes servieren möchte, ohne noch lange in der Küche stehen zu müssen, eignet sich unser Vorschlag gut, denn hier kann man alles gut vorbereiten. Bei Bedarf muß man es nur in den Ofen schieben, knusprig backen und servieren.

Den Blätterteig auftauen und jede Scheibe auf doppelte Größe ausrollen.

Die Zwiebel würfeln und im Butterschmalz dünsten, das Sauerkraut dazugeben.

Die Ananas in Stücke schneiden und zusammen mit dem Saft zum Kraut geben. Alles kurz durcherhitzen und vom Feuer nehmen.

Die Rostbratwürstchen in einer Pfanne kurz anbraten.

Das Kraut auf die 4 Blätterteigstücke verteilen, je ein Würstchen daraufsetzen, die Ränder mit Eigelb einstreichen und zu kleinen Taschen zusammenlegen. Die Ränder gut andrücken.

Werden die Taschen sofort gebacken, dann die Oberfläche gleich mit Eigelb bepinseln, auf ein Backblech setzen und im auf 180 °C vorgeheizten Backofen 15 Minuten backen. Will man sie zu einem späteren Zeitpunkt garen, werden die Taschen abgedeckt und kalt gestellt.

Vor dem Backen auf das Backblech setzen, mit Eigelb einpinseln und bei 150 °C 15 Minuten anbacken und 10 Minuten bei 200 °C goldgelb backen.

Gefüllte Fleischtomaten auf Risotto

300 g Dinkel

1 Liter Fleischbrühe

oder: 300 g Grünkern

300 ml Wasser

½ TL gekörnte Gemüsebrühe

4 große Fleischtomaten à 200–250 g

Für die Fleischfüllung:

1 kleine Zwiebel

1 EL Butterschmalz

150 g Rinderhackfleisch

je 50 g Sellerie, Karotten und Porree

Für die Gemüsefüllung:

je 100 g Sellerie, Karotten und Porree

für beide Füllungen gleich:

jeweils etwas Salz, Pfeffer und Öl

2 EL Tomatenmark

Muskat

italienische Kräutermischung

100 g geriebener Käse

Zum Überbacken:

50 g Hartkäsescheiben

etwas Paprikapulver

Die Fleischtomate unterscheidet sich von anderen Tomaten dadurch, daß sie weniger Saft und dafür wesentlich mehr von dem süßwürzigen Fruchtfleisch besitzt. Meist ist sie auch größer als ihre Artverwandten und deshalb gut zum Füllen geeignet.

Am Vortag den Dinkel in gekochter Fleisch- oder Gemüsebrühe einweichen und über Nacht stehen lassen.

Oder den Grünkern in 300 ml Wasser mit gekörnter Gemüsebrühe 45 Minuten auf kleiner Flamme kochen, dann ausquellen lassen.

Die Tomaten abdeckeln und so aushöhlen, daß noch ein dicker Rand stehenbleibt. Das Tomatenfleisch beiseite stellen.

Für die Fleischfüllung: Die Zwiebel in Würfel schneiden und im Butterschmalz dünsten. Hackfleisch, Tomatenfleisch und Tomatenmark dazugeben, würzen und durchkochen.

Karotten und Sellerie in kleine Würfel, Porree in feine Streifen schneiden. Das Gemüse in etwas Öl andünsten, den eingeweichten Dinkel oder den gekochten Grünkern hinzufügen, 25 Minuten zugedeckt köcheln lassen, vom Feuer nehmen und noch 10 Minuten nachquellen lassen.

Den geriebenen Käse und die Gewürze mit der Füllung vermischen und in die ausgehöhlten Tomaten füllen.

Den restlichen Dinkel- oder Grünkernrisotto in eine feuerfeste Form geben, darauf die Tomaten setzen und mit dem geschnittenen Käse abdecken. Mit Paprikapulver bestreuen und im Backofen 15–20 Minuten überbacken.

Für die fleischlose Variante der Füllung lassen Sie Hackfleisch, Zwiebel und Butterschmalz einfach weg, nehmen doppelte Mengen – je 100 g – an Sellerie, Karotten und Porree, dünsten diese in etwas Öl, fügen Dinkel oder Grünkern, Tomatenfleisch und Tomatenmark hinzu und bereiten alles so zu, wie es oben mit Hackfleisch beschrieben ist.

Kartoffelnester
Kartoffelschiffchen

Zutaten für die Kartoffelnester:
Für das Püree:
1 kg mehlig kochende Kartoffeln
300 ml heiße Milch
50 g Butter
jeweils etwas Salz und Muskat
Für das Tomatenragout:
500 g Tomaten
1 Zwiebel
Butter oder Butterschmalz
nach Belieben 50–100 g Schinken
100 g Champignons
1 TL Essig
jeweils etwas Zucker, Salz, Pfeffer, Paprika
und Oregano
Zum Bestreuen: 1 EL Parmesan
1 EL Schnittlauch oder Petersilie

Die Kartoffeln schälen, weich kochen, abschütten und durch eine Presse drücken. Die erhitzte Milch und die flüssige Butter dazugeben, würzen und zu einem Püree rühren. Die Tomaten in Stücke schneiden und beiseite stellen.
Die Zwiebel würfeln und in Butter oder Butterschmalz dünsten.
Den Schinken in feine Würfel, die Champignons in Scheiben schneiden, beides zu den Zwiebeln geben, einige Minuten mitdünsten und danach die Tomaten dazugeben. Das Ragout würzen, aufkochen und zugedeckt warm halten.
Das Püree in einen Spritzbeutel füllen und auf 4 Teller jeweils ein Nest spritzen. Jedes Nest mit Tomatenragout füllen, mit Parmesan bestreuen und mit den Kräutern garnieren.

Zutaten für die Kartoffelschiffchen:
8 große und gleichmäßige Kartoffeln einer vorwiegend fest kochenden Sorte
Für die Füllung:
1 Zwiebel, 1 EL Butterschmalz
nach Belieben 100 g Schinken
100 g roter Paprika, 100 g Erbsen,
50 g Zuckermais, 1 EL Tomaten-Ketchup
50 g Butter, 3 Eigelb, Muskat, Salz
12 Fähnchen

Anderthalb Liter leicht gesalzenes Wasser erhitzen, jedoch nicht kochen lassen. Von den Kartoffeln 6 halbieren und mit einem Teelöffel aushöhlen. Die ausgehöhlten Kartoffelhälften in dem heißem Wasser 10 Minuten ziehen lassen.
Die übrigen 2 Kartoffeln kleinschneiden und zusammen mit den Aushöhlresten in wenig Flüssigkeit weich kochen.
Die Zwiebel würfeln und im Butterschmalz dünsten. Den Schinken und den Paprika würfeln und mit den Erbsen und dem Mais zu den Zwiebeln geben. Den Ketchup einrühren. Die Kartoffelhälften aus dem Wasser nehmen, auf ein Backblech setzen und mit der Gemüsemasse füllen.
Die weichgekochten Kartoffeln abschütten, durch eine Presse drücken und mit der Butter, 2 Eigelb und den Gewürzen zu einem Püree rühren. Mit diesem einen Spritzbeutel füllen und die Kartoffelhälften verzieren.
Das restliche Eigelb mit einem Pinsel über die Schiffchen verstreichen, diese 5 Minuten bei 150 °C backen lassen, herausnehmen und mit je einem Fähnchen verzieren.

66

Gefüllte Kräuterpfannkuchen

Für den Teig:

300 g Weizenvollkornmehl

⅜ Liter Milch

⅛ Liter Mineralwasser

3 Eier

2 EL gehackte Kräuter (nach Belieben Schnittlauch, Petersilie, Kresse usw.)

¼ TL Salz

etwas Muskat

Für die Füllung:

½ Zwiebel

1 EL Öl

nach Belieben 200 g Fleischwurst oder 200 g Karotten oder Kohlrabi

200 g Salatgurke oder Zucchini

1 EL Tomatenmark

Zum Überbacken: 8 Scheiben Emmentaler Käse

Kennen Sie den Unterschied zwischen einem ganzen und einem vollen Korn? Ganz einfach, als „ganzes Korn" bezeichnet man das unzerteilte, ungemahlene Korn, als „volles Korn" ein Mahlprodukt, das aus dem ganzen Korn mit allen seinen Bestandteilen hergestellt wird. Das Mehl ist um so wertvoller, je mehr Bestandteile des Korns mit vermahlen werden. Unsere Pfannkuchen können Sie aus Vollkorn- oder aus Auszugsmehl herstellen. Ich ziehe wegen des Geschmacks und des höheren Nährwertes das Vollkornmehl vor, am liebsten das kurz vor der Verarbeitung zu Hause selbst gemahlene.

Das Mehl in eine Schüssel sieben und mit Milch und Mineralwasser anrühren. Die Eier mit den Kräutern, mit Salz und Muskat einrühren. Den Teig 10 Minuten quellen lassen und nochmals kräftig durchrühren.

Für die Füllung: Die Zwiebel würfeln und in Öl goldgelb anbraten.

Die Fleischwurst in ½ cm starke Würfel schneiden.

Möchte man die Füllung fleischlos herstellen, statt der Wurst Karotten oder Kohlrabi nehmen und grob raspeln.

Für beide Arten der Füllung die Gurke oder Zucchini halbieren und bei der Gurke die Kerne mit einem Löffel auskratzen. Die Hälften in Würfelchen schneiden und mit den Karotten, dem Kohlrabi oder der Fleischwurst zu den Zwiebeln geben, miterhitzen und das Tomatenmark einrühren.

Von dem Teig 8 Pfannkuchen backen, die Füllung darauf verteilen, zusammenrollen und auf ein Backblech setzen.

Die Käsescheiben in 2 cm breite Streifen schneiden und die Pfannkuchenrollen kreuzweise damit belegen.

Das Blech in den Backofen schieben und bei Oberhitze backen, bis der Käse schmilzt und leicht gebräunt wird.

Herzhafte Spaghetti
mit zwei Saucen

1 EL Öl	
350 g helle oder Vollkorn-Gabelspaghetti	
Für die Fleischsauce:	
1 Zwiebel	
1 EL Butterschmalz	
350 g gemischtes Hackfleisch	
250 g Schältomaten aus der Dose	
Für die Tomatensauce:	
1 Zwiebel	
1 EL Butterschmalz	
500–600 g gut gereifte, frische Tomaten oder	
500 g geschälte aus der Dose	
Für beide Saucen:	
1 EL Tomatenmark	
je ½ TL Salz und Oregano	
jeweils etwas Muskat und Pfeffer	
Zum Bestreuen:	
2 EL geriebener Parmesan	
1 TL Schnittlauch	

Von allen Nudelgerichten dürften die aus Spaghetti hergestellten nicht nur bei Kindern die bekanntesten und beliebtesten sein. Ihren Namen leiten sie – Spaghetti ist die italienische Bezeichnung für Schnürchen – von ihrem Aussehen ab. Eine der wichtigsten Voraussetzungen für einen ungetrübten Spaghettigenuß für Erwachsene ist der richtige Biß, oder – wie der Fachmann sagt – das „al dente". Es ist also beim Kochen darauf zu achten, daß die Spaghetti nicht zu lange und damit zu weich gekocht werden. Kleinere Kinder tun sich allerdings oft leichter mit länger gekochten Nudeln, die schön „pappig" am Löffel kleben.

3 Liter leicht gesalzenes Wasser zum Kochen bringen, das Öl dazugeben und die Spaghetti nach und nach hineinschieben. Dabei kann man sie mit einer Gabel umrühren, falls sie aneinanderkleben. Nach etwa 8 Minuten die Spaghetti in ein Sieb schütten und mit heißem Wasser abspülen.

Die Zwiebel feinschneiden, in Butterschmalz glasig dünsten. Für die Fleischsauce das Hackfleisch dazugeben und unter ständigem Umrühren 5 Minuten anbraten.

Für beide Arten Sauce: Das Tomatenmark einrühren, die frischen oder die Dosen-Tomaten hinzufügen. Mit Salz, Oregano, Muskat und Pfeffer würzen, zudecken und 10 Minuten köcheln lassen.

Die Spaghetti nochmals mit heißem Wasser abspülen, in etwas Butter anschwenken, mit einer Gabel und einem Löffel zu kleinen Nestern formen und in eine Servierpfanne setzen.

Die entsprechende Sauce mit einem Löffel darauf verteilen, den Parmesan und den Schnittlauch darüberstreuen.

Gut paßt zu beiden Varianten des Gerichts eine gemischte Salatschüssel.

Bratlinge aus Getreideschrot

½ Zwiebel

1 EL Butterschmalz

2 Karotten

80–100 g Porree

150 g Getreideschrot (Weizen, Dinkel oder Grünkern)

300 ml Gemüsebrühe

1 Ei

1 TL Petersilie

jeweils etwas Oregano und Kräutersalz

2 EL Sesam

2 EL Paniermehl

Fett zum Braten

¼ Liter Tomaten- oder Mayonnaisensauce

Bratlinge oder Frikadellen müssen längst nicht immer aus Fleisch hergestellt werden. Die Alternative zu denen aus Hackfleisch sind solche aus Vollkornschrot. Wichtig für den Geschmack ist immer, daß ihnen reichlich Gemüse und frische Kräuter beigemengt werden oder, je nach Rezeptvariante, auch etwas geriebener Käse.

Die Zwiebel würfeln und im Butterschmalz dünsten.

Karotten und Porree sehr fein schneiden – Karotten eventuell raspeln – und zur Zwiebel geben, dann den Getreideschrot dazu einrühren und 2 Minuten anschwitzen lassen. Die Gemüsebrühe dazugeben, umrühren und zugedeckt 10 Minuten köcheln lassen, dabei gelegentlich durchrühren. Den gekochten Brei vom Herd nehmen und zugedeckt etwa 1 Stunde ausquellen lassen.

Die ausgequollene Masse mit dem Ei, den Kräutern und dem Salz zu einem Teig vermengen, in 8 gleichmäßige Stücke teilen und daraus die Bratlinge formen.

Jeden Bratling beidseitig mit dem Gemisch aus Sesam und Paniermehl bestreuen und in einer Bratpfanne durchbraten.

Die kleinen Bratlinge können warm mit einer Tomatensauce und Salaten oder kalt mit einer pikanten Mayonnaisensauce und Brot serviert werden.

Käsenudeln nach Allgäuer Art

4 Eier

500 g Vollkorn-Band- oder Spiralnudeln

1 EL Öl

50 g Butter

200 g geriebener Hartkäse mit
minimal 40 % Fett

150 g geriebenes Weißbrot oder Vollkornbrot
etwas Muskat und Salz

Dies ist nur eine von mehreren Varianten Käsenudeln. Im Allgäu und in Schwaben, gleich ob auf württembergischer oder bayerischer Seite, werden Sie verschiedenen Abwandlungen begegnen: beispielsweise den sehr herzhaften Krautspätzle oder den ebenso schmackhaften Kässpätzle, manchmal statt Spätzle auch Knöpfle genannt. Wir beschreiben hier zunächst die Art, für die Sie fertige Nudeln nehmen können.

Eier hart kochen. Die Nudeln in 3 Liter leicht gesalzenem Wasser, dem das Öl beigegeben wird, 8 Minuten köcheln, abschütten und abtropfen lassen.
Die Eier in Scheiben schneiden.
Eine feuerfeste Auflaufform ausbuttern, die Nudeln abwechselnd mit etwas Käse sowie geriebenem Brot in die Form schichten. Als letztes die Nudeln mit den Eischeiben und diese mit den restlichen Bröseln, dem Käse, Muskat und Salz bedecken. Die restliche Butter in Flocken über allem verteilen. Den Auflauf in den Backofen schieben und überbakken, bis der Käse gänzlich geschmolzen und eine leichte Kruste entstanden ist.
Zu diesen Käsenudeln paßt ein saftiger Kartoffelsalat, dem Scheiben von einer Salatgurke beigemischt wurden, oder auch ein knakkiger Blattsalat wie Endivie, Eichblatt oder Frisée – ganz nach Ihrem Geschmack.
Wenn Sie es sich zutrauen, dann stellen Sie die Spätzle selbst her: 300 g Weizen schroten, 3 Eier dazu, 3 TL Öl, 1 Prise Salz. Mit 4–5 EL Wasser oder Milch einen geschmeidigen, glatten Teig kneten, der nicht mehr kleben darf. Den Teig etwa 1 Stunde ruhen lassen, in einem großen Topf Wasser zum Kochen bringen und dann die Spätzle vom nassen Brett in das sprudelnde Wasser schaben oder durch die Spätzlespresse drücken.

Gärtnerinpastete mit Schnittlauchdip

100 g Karotten

500 g Blumenkohl oder Broccoli (oder eine Mischung aus beiden Gemüsen)

100 g Erbsen

250 g frischer oder gefrorener Blätterteig

¼ Liter süße Sahne

⅛ Liter Milch

5 Eier

jeweils etwas Muskat, Pfeffer und Salz

Für die Sauce:

150 g Quark

etwas Milch

3 EL feingeschnittener Schnittlauch

Cayennepfeffer

Salz

Frische ist das wichtigste Qualitätsmerkmal für Gemüse, aber auch zugleich das am schnellsten vergängliche. Schon nach 24 Stunden kann die Hälfte des Vitamingehalts verschwunden sein. Nur richtige Lagerung und eine rasche und schonende Zubereitung kann dem Gemüse einen Großteil seiner wertvollen Stoffe erhalten.

Die Karotten in Würfel schneiden. Den Blumenkohl und den Broccoli von den Blättern befreien, in einzelne Röschen teilen und den dicken Teil in Würfel schneiden, die in der Größe etwa den Karottenwürfeln entsprechen.

Zusammen mit den Erbsen alles Gemüse in wenig Flüssigkeit nur etwa 10 Minuten dünsten, so daß es noch bißfest bleibt.

Eine Kuchenspringform vorbereiten. Den Blätterteig ausrollen, in die Form legen und einen 3 cm hohen Rand formen.

Das abgetropfte Gemüse auf dem Teig verteilen. Die Sahne mit der Milch, den Eiern und den Gewürzen gut verquirlen. Die verquirlte Masse über dem Gemüse verteilen, so daß es bedeckt ist.

Die Form in einem auf 150 °C vorgeheizten Backofen 45 Minuten backen, bis die Masse gut eingedickt ist.

Den Quark mit so viel Milch verrühren, daß eine dickliche Sauce entsteht. Den Schnittlauch und die Gewürze einrühren.

Die gebackene Gemüsepastete aus der Form nehmen und in keilförmige Stücke schneiden, diese mit jeweils etwas Schnittlauchsauce servieren.

Spinat-Eierröllchen

8 Eier

Salz, Pfeffer, Muskat

500 g Blattspinat oder Tiefkühlware

1 kleine Zwiebel, Butter

50 g gekochter Schinken

¼ Liter süße Sahne

50 g geriebener Käse

Lange wurde der Eisengehalt im Spinat zu hoch eingeschätzt. Dieses unverzichtbare Spurenelement sorgt für Blutbildung und Sauerstofftransport. 100 g frischer Spinat enthält 3 bis 4 mg Eisen, durch Dünsten sinkt dieser Anteil zwar auf etwa ein Drittel, das sind aber noch rund 10 Prozent des Tagesbedarfs bei Männern und etwa 6 Prozent bei Frauen. Der hohe Gehalt an Vitamin A im Spinat nützt dem Körper nur in Verbindung mit Fett, und viel Vitamin C zeichnet besonders den Herbstspinat aus.

Die Eier in eine Schüssel schlagen und mit den Gewürzen verquirlen. Von der Eimasse 8 dünne Eifladen backen.

Die Spinatblätter sauber verlesen, grobe Stiele abschneiden, gut waschen und wenige Minuten mit kochendem Wasser überbrühen. Die gegarten Blätter beliebig fein schneiden, hacken oder pürieren.

Die Zwiebel in Würfel schneiden und in Butter dünsten. Den ebenfalls in Würfel geschnittenen Schinken dazugeben und zusammen mit dem vorbereiteten Spinat und etwa ⅛ Liter mit Pfeffer und Muskat gewürzter Sahne so lange köcheln, bis die Flüssigkeit auf die Hälfte reduziert ist.

Eine feuerfeste Form leicht buttern und jeden Eifladen mit der entsprechenden Menge Spinat füllen, zusammenrollen und nebeneinander in die Form schichten. Die restliche Sahne über die Röllchen gießen und mit dem Käse bestreuen.

Den Backofen auf starke Oberhitze stellen und die Röllchen etwa 10 Minuten überbakken lassen.

Als Beilage eignen sich zu diesem Gericht in Butter angeschwenkte Petersilienkartoffeln oder Kartoffelpüree.

Pausenbrote, jeden Tag
etwas anders

Sesambrötchen mit Salami und Tomate

Zutaten für 1 Portion:

1 Sesambrötchen, Butter

3 kleine Scheiben Salami, 1 Tomate

Das Brötchen halbieren und dünn mit Butter bestreichen. Die Salami auf eine Hälfte legen und mit der in Scheiben geschnittenen Tomate und der anderen Hälfte abdecken.

Vollkornbrot mit Kräuterbutter und Radieschen

Zutaten für 1 Portion:

2 Scheiben Vollkornbrot, 2 TL Butter

Schnittlauch, Petersilie

Salz, Pfeffer

4–5 Radieschen

2 Scheiben Vollkornbrot mit Butter, die mit den Kräutern und Gewürzen vermischt wurde, bestreichen. Radieschen waschen und in Scheiben schneiden, auf das Brot verteilen. Die Brotscheiben zusammenklappen und in 2 oder 3 gleichmäßige Stücke schneiden.

Kümmelstange mit Butterkäse und Gurke

Zutaten für 1 Portion:

1 Kümmelstange, Butter

1 Salatblatt

2–3 Scheiben Butterkäse

5–10 Scheiben Salatgurke

Die Stange halbieren und dünn buttern. Auf eine Hälfte ein gewaschenes Salatblatt legen und darauf den Butterkäse verteilen. Von einer Salatgurke dünne Scheiben abschneiden und über den Käse legen. Die andere Stangenhälfte darüberlegen.

Laugenbrötchen mit Leberkäse und Apfel

Zutaten für 1 Portion:

1 Laugenbrötchen, Frischkäse

2 dünne Scheiben Leberkäse, ½ Apfel

Das Brötchen halbieren und mit etwas Frischkäse bestreichen. Die Leberkäsescheiben zu Tüten formen und auf eine Hälfte legen. Von dem Apfel 3 Scheiben abschneiden und auf den Leberkäse legen. Das Brötchen wieder zusammenklappen.

Dreimal Minipizza aus Kartoffelteig

Für den Teig:

1 kg Kartoffeln einer mehlig kochenden Sorte
2 Eier
50 g Mehl
jeweils etwas Muskat, Pfeffer und Salz
Zum Backen: Öl

Die rohen Kartoffeln schälen und auf ein sauberes Tuch reiben. Die geriebenen Kartoffeln im Tuch ausdrücken und mit den übrigen Zutaten in einer Schüssel zu einem Teig verarbeiten.

In einer Stielpfanne etwas Öl erhitzen und darin den Kartoffelteig zu 4 Fladen backen.

Champignon-Pizza

½ Zwiebel
1 EL Butter
250 g Champignons
Saft von ½ Zitrone
Muskat, Pfeffer
⅛ Liter süße Sahne
2 EL Petersilie

Die Zwiebel würfeln und in der Butter dünsten.

Die Champignons waschen, in Scheiben schneiden und zu den Zwiebeln geben. Mit Zitronensaft, Muskat und Pfeffer würzen.

Die Sahne angießen und einkochen lassen, bis alles etwas eingedickt ist.

Die Champignonmasse auf 4 Kartoffelfladen verteilen und mit der Petersilie garnieren.

Apfelquark-Pizza

4 Äpfel
150 g Magerquark
50 g Rosinen
2 EL geriebene Haselnüsse oder Mandeln
1 EL Honig

Die Äpfel schälen, entkernen und in dünne Scheibchen schneiden, mit den übrigen Zutaten vermischen und auf die Kartoffelfladen verteilen.

Tomaten-Pizza

8 Tomaten
4 gekochte Eier
200 g Emmentaler Käse
1 TL Edelsüßpaprika

Die Tomaten und die Eier in Scheiben schneiden.

Den Käse reiben.

Jeden Kartoffelfladen zuerst mit Tomatenscheiben belegen, dann die Eischeiben und den Käse verteilen.

Im Backofen überbacken und mit Paprika bestreuen.

Die klassische Pizza wird nach wie vor aus einem dünnen Hefeteig hergestellt. Wenn ich hier von diesem bewährten Prinzip abweiche, dann nur aus der Überzeugung, daß man von Zeit zu Zeit die ausgetretenen Eßpfade verlassen sollte.

Drei Toastvarianten

Toast Florida

Zutaten für 1 Portion:

2 Scheiben Buttertoast
1 TL Butter
1 TL geriebene Haselnüsse
2 Scheiben gekochter Schinken
2 gedünstete Pfirsichhälften
4 Scheiben Butterkäse

Das Brot toasten, mit der Butter bestreichen und die Haselnüsse darüberstreuen. Die Scheiben nebeneinander auf einen Teller legen, mit dem Schinken belegen, die Pfirsichhälften daraufsetzen, mit den Käsescheiben abdecken und im Backofen überbacken.

Toast Hühnerhof

Zutaten für 1 Portion:

2 Scheiben Vollkorntoast
1 TL Butter
1 TL Schnittlauch
einige Salatblätter
3 Eier
50 g Schinken
Salz, Muskat

Das Brot toasten, mit der Butter bestreichen, den Schnittlauch darüberstreuen.
Die Toastscheiben auf einen Teller setzen und mit den Salatblättern belegen.
Die Eier mit den Schinkenstreifen verquirlen, würzen und in einer Pfanne stocken lassen, dann auf den Salatblättern verteilen.

Toast Gärtnerin

Zutaten für 1 Portion:

1 Scheibe Graubrot
2 EL Quark
Salz, Pfeffer
1 TL Meerrettich
6 dünne Scheiben Salatgurke
6 Scheiben Tomaten
1 Bund Schnittlauch

Die Graubrotscheibe beidseitig toasten. Den Quark würzen und mit dem Meerrettich vermischen. Den Meerrettichquark auf das Brot streichen, die Gurken- und Tomatenscheiben abwechselnd daraufsetzen.
Den Schnittlauch schneiden und darüberstreuen.

Das Toasten gilt als Erfindung der Engländer, denn diese hatten herausgefunden, daß ihr Weißbrot durch leichtes Anrösten schmackhafter wird. Auch außerhalb der Grenzen Englands wurde dieses Verfahren schnell beliebt. Und längst ist man dazu übergegangen, die getoasteten Brotscheiben mit raffinierten Zutaten zu belegen. Man braucht sich auch nicht nur auf das typische Kastenweißbrot zu beschränken, es lassen sich fast alle Brotsorten rösten und in schmackhafte Snacks verwandeln.

Gefüllte Brötchen

4 große Brötchen

Für die Füllung:

250 g gemischtes Hackfleisch

1 Zwiebel

1 rote Paprikaschote

4 kleine Essiggurken

etwas Butter

2 EL geschnittene Kräuter

2 Eier

jeweils etwas Pfeffer, Paprika und Salz

1 TL Senf

Zum Überbacken:

8 Käsescheiben

Frische und knusperige Brötchen sind für viele nach wie vor die Krönung einer Frühstückstafel. Doch was macht man mit übriggebliebenen, weichen, unansehnlichen Brötchen, außer sie zu Paniermehl zu mahlen? Hier ein Vorschlag, der auch alte Brötchen zu einem kulinarischen Erlebnis werden läßt.

Die Brötchen halbieren, das weiche Innere herauslösen und beiseite stellen.

Das Hackfleisch in eine Schüssel geben.

Die Zwiebel, den Paprika und die Essiggurken in feine Würfel schneiden.

Die Zwiebel zuerst in Butter dünsten, danach die Paprika- und dann die Essiggurkenwürfel dazugeben und mitdünsten. Die gedünsteten Zutaten zusammen mit den Kräutern, dem aus den Brötchen gelösten Inneren und den Eiern zum Hackfleisch geben. Die Gewürze und den Senf beigeben und alles gut vermengen.

Die Masse in die ausgehöhlten Brötchen füllen, dann auf ein Backblech setzen und bei 180 °C 15 Minuten backen lassen. Dann den Backofen auf „Oberhitze" stellen, die gefüllten Brötchen mit je einer Käsescheibe belegen und überbacken, bis der Käse schmilzt. Möglichst warm auf den Tisch bringen und dazu einen beliebigen Salat servieren.

Knabbergebäck

2 kg vorwiegend fest kochende Kartoffeln

Salz

Backfett

½ TL Paprika

1 Messerspitze Pfeffer

Zwiebelgewürz

Knabbergebäck aus Kartoffeln ist seit vielen Jahren sehr beliebt und darf bei keiner Party fehlen. Daß man solch durst- und appetitförderndes Gebäck auch selbst herstellen kann, ist nur wenigen bekannt. Bei selbstgemachtem Knabbergebäck läßt sich der Salzgehalt erheblich reduzieren. Der relativ hohe Kaloriengehalt, der durch die Zubereitungsart bedingt ist, bleibt indes erhalten. Dies braucht jedoch kein Nachteil zu sein, wenn die Knabberei – zum Beispiel mit einem Salat kombiniert – zu einer richtigen Zwischenmahlzeit wird.

Die Kartoffeln waschen, schälen und halbieren.

Mit einem Hobel oder Messer die Hälfte der Kartoffeln in gleichmäßig dünne Scheiben schneiden und kurz in etwas leicht gesalzenes Wasser legen.

Die restlichen Kartoffeln in dünne Stifte schneiden und ebenfalls in Salzwasser legen.

Das Backfett auf rund 160 °C erhitzen. Mit Hilfe eines Holzkochlöffels läßt sich die Temperatur leicht abschätzen: Man taucht den Stiel kurz ins erhitzte Fett (siehe Foto Seite 44). Zeigen sich Bläschen, die von dem Wasser im Holz stammen, dann stimmt die Temperatur.

Die Kartoffelscheiben abgießen, auf einem Tuch trockenreiben und im Fett hellbraun backen lassen.

Damit die Scheiben nicht aneinanderkleben, werden sie während des Backens mit einem Schaumlöffel ständig bewegt.

Nach den Kartoffelscheiben werden die Kartoffelstifte auf gleiche Art gebacken. Das Salz mit den übrigen Gewürzen vermischen und damit das Kartoffelgebäck würzen.

Möglichst frisch servieren.

Früchte im Hemd

Für den Teig:

150 g Weizenvollkornmehl

⅛ Liter Milch

2 Eigelb

1 Päckchen Vanillinzucker, etwas Zimt

2 Eiweiß

1 Messerspitze Salz

Zum Ausbacken:

Butterschmalz, Pflanzenfett oder -öl

1 Apfel, 2 Ananasringe, Kirschen mit Stiel

etwas Mehl

Zum Garnieren:

¼ Liter Himbeer- oder Johannisbeersauce

etwas süße Sahne

Puderzucker

Früchte, in einem Teig ausgebacken, sind ein ganz besonderer Genuß, denn sie verbinden einige Gegensätze: üppig und doch leicht, sättigend und doch appetitanregend. Im Prinzip ist jede Frucht zum Ausbacken geeignet, man kann eine Art verwenden oder – wie hier – verschiedene Früchte mischen.

Das Backfett sollte stets frisch und möglichst geschmacksneutral sein. Benütztes Ausbackfett muß nach dem Gebrauch gefiltert werden, da Teigreste und Brösel verbrennen und damit das Fett sehr schnell verderben lassen.

Das Mehl mit der Milch glattrühren. Eigelb, Vanillinzucker und Zimt einrühren. Eiweiß mit dem Salz zu einem steifen Schnee schlagen. Den Eischnee unter den Teig heben. Das Fett in einem Topf auf etwa 160 °C erhitzen – wie auf Seite 88 beschrieben.

Den Apfel schälen, vom Kerngehäuse befreien und in 5 Scheiben schneiden. Die Ananasringe halbieren. Alle Fruchtteile erst ins Mehl und dann in den Backteig tauchen. Nun werden die Früchte in das erhitzte Fett gegeben und gebacken, bis sie sich goldgelb färben.

Die gebackenen Früchte aus dem Fettbad nehmen, auf ein Küchenkrepp legen.

Die Fruchtsauce auf 4 Teller verteilen, einige Tropfen Sahne darauftröufeln und mit einem Holzspieß Konturen ziehen. Die gebackenen Früchte dazulegen und mit Puderzucker bestreuen.

Hirseauflauf mit Äpfeln
Quarkgrießauflauf

Zutaten für den Hirseauflauf:

1 Liter Wasser

1 Zimtstange

etwas Vanillepulver

300 g Hirse

750 g Äpfel

100 g Honig

etwas Zitronenabrieb

150 g grobgehackte Haselnüsse oder Mandeln

3 Eier

Für die Form: Butter oder Margarine

Zutaten für den Quarkgrießauflauf:

50 g Butter oder Margarine

50 g Honig

2 Eier

1 Päckchen Vanillinzucker

1 Prise Salz

500 g Magerquark

3 gestrichene TL Backpulver

6 EL Milch

125 g Grieß

500 g entsteinte Sauerkirschen oder Zwetschgen

20 g Butter

Hier schlagen wir „Süßes zum Sattwerden, Teil 3 und 4" vor. Einfache und gesunde Zutaten, unaufwendige Zubereitung und großer Erfolg bei Kindern zeichnet diese Aufläufe aus. Und falls während der Hauptmahlzeit nicht alles „verputzt" wurde, bieten Sie den Rest einfach nachmittags oder abends an. Meist denkt dann keine der kleinen „Naschkatzen" mehr an Kekse, Schokolade oder dergleichen.

Das Wasser mit Zimt und Vanille zum Kochen bringen. Die Hirse dazugeben, 20–30 Minuten köcheln und quellen lassen.
Die Äpfel waschen, vom Kerngehäuse befreien und grob raspeln. Mit Honig, Zitronenschale und Nüssen oder Mandeln vermengen.
Die Eier trennen. Den abgekühlten Hirsebrei mit Eigelb und dem Apfelgemisch vorsichtig verrühren. Eiweiß zu Schnee schlagen und unterheben.
Den Brei in eine gefettete Auflaufform geben und bei 180–200 °C etwa 45 Minuten backen.

Das Fett schaumig rühren, mit dem Honig und den Eiern kräftig vermischen. Vanillinzucker, Salz und Quark dazugeben und weiterrühren. Backpulver und Milch hinzufügen, dann den Grieß nach und nach unterrühren, wenn möglich Klumpen vermeiden.
Die abgetropften Kirschen oder Zwetschgen unterheben.
Bei Verwendung von Tiefkühlobst dieses vorher nicht auftauen. Dann die Auflaufform ausfetten, die gefrorenen Früchte hineinlegen und die Quark-Grieß-Masse einfüllen.
Oder den Auflauf mit den Kompottfrüchten in die Form füllen und im auf 175 °C vorgeheizten Ofen etwa 60 Minuten backen.

Apfelwaffeln
Crêpes Suchard

Zutaten für die Apfelwaffeln:

Für den Teig:

200 g Butter

100 g Zucker oder 3–4 EL Honig

etwas Zitronenabrieb

3 Eier

75 g Mehl

75 g Speisestärke

4 EL Milch

Zum Einfetten: etwas Butter

Zum Bestreuen: 1 EL Zucker, 1 Messerspitze

Zimtpulver

500 g Apfelkompott oder -mus

Zutaten für die Crêpes Suchard:

Für den Teig: 100 g Mehl

⅛ Liter Milch

3 EL Mineralwasser

1 EL Zucker, 1 Prise Salz

2 Eier

1 EL flüssige Butter

Zum Backen: etwas Öl

Zum Garnieren: 8 kleine Kugeln Vanilleeis

¼ Liter Schokoladensauce

Gut gerührt, ist halb gelungen. Diese Backweisheit gilt besonders für den Waffelteig, der durch das intensive Rühren seine lockere, luftige Beschaffenheit erhält. Mußten unsere Großeltern noch mit schweren Waffeleisen über dem offenen Feuer hantieren, so wird uns heute vieles durch moderne, temperaturgeregelte Geräte erleichtert.

Die Butter aus dem Kühlschrank nehmen und weich werden lassen. Mit einem Rührgerät die weiche Butter mit Zucker oder Honig und Zitronenabrieb schaumig rühren. Die Eier nach und nach einrühren.
Mehl und Stärke vermischen und löffelweise unterrühren. Milch dazugeben und rühren, bis ein dickflüssiger Teig entstanden ist.
Das Waffeleisen vorwärmen, gut ausfetten und den Teig zu goldbraunen Waffeln backen.
Die Waffeln mit Zimtzucker bestreuen und warm mit Apfelkompott oder -mus reichen.

Suchard steht bei vielen Feinschmeckern als Synonym für Schokoladenköstlichkeiten. So ist es nicht verwunderlich, daß dieser Name auch in der feinen Küche, der sogenannten Haute Cuisine, Verwendung findet.

Das Mehl in eine Schüssel sieben und mit Milch und Mineralwasser zu einem Teig rühren. Zucker, Salz und Eier zugeben und unterrühren, zum Schluß die zerlassene Butter. Den Teig 30 Minuten stehen lassen.
Eine Pfanne erhitzen, mit Öl auspinseln und mit einem Schöpflöffel den nochmals aufgerührten Teig in die Pfanne geben, durch leichtes Schräghalten der Pfanne den Teig gleichmäßig verteilen, 1 Minute backen lassen und dann wenden. Auf der anderen Seite ebenfalls 1 Minute backen und danach auf einen Teller legen.
Die restliche Masse zu 7 dünnen Crêpes backen. Jeden Crêpe zu einer Tüte falten, jeweils 2 davon auf einen Teller legen, auf jede Crêpetüte eine Kugel Vanilleeis setzen und mit je einem großen Löffel Schokoladensauce überziehen. Alles noch warm servieren.

Kleine Butterschnecken

Für den Teig:

500 g Vollkornmehl oder eine Mischung aus Auszugs- und Vollkornmehl

50 g Zucker oder 20 g Honig

1 Hefewürfel oder die entsprechende Menge Trockenhefe

1/8 Liter Milch

100 g Butter

1/2 TL Salz

2 Eier

Für den Belag:

100 g Rosinen

2 EL Apfelsaft

100 g gemahlene Haselnüsse

Für den Guß:

100 g Puderzucker und 1 TL Zitronensaft

Zum Bestreuen:

80–100 g grobgemahlene Mandeln

Unter den Backwaren nehmen die aus Butter hergestellten einen besonderen Platz ein. Das liegt zum einen daran, daß es kein Fett gibt, das es im Geschmack mit Butter aufnehmen kann, und andererseits hat die Butter hervorragende Backeigenschaften. Bei diesem Gebäck können Sie beides testen.

Das Mehl mit dem Zucker oder Honig vermischen und warm stellen.

Die Hefe in der auf 35 °C erwärmten Milch auflösen und mit der Hälfte des Mehles vermengen.

Die Butter in Stücke schneiden und zusammen mit dem Salz und den Eiern in eine Schüssel geben, zudecken und etwa 30 Minuten bei 40 °C warm stellen.

Nach dieser Zeit alle Zutaten mit einem Knetrührer zu einem festen Teig verarbeiten, zudecken und nochmals 30 Minuten warm stellen.

Die Rosinen im Apfelsaft einweichen.

Den Teig etwa 1/2 cm dick rechteckig ausrollen, die Rosinen mit den Nüssen vermischen und auf dem Teig verteilen. Den Teig aufrollen und mit einem scharfen Messer etwa 1 cm dicke Scheiben abschneiden.

Ein Backblech mit Backpapier auslegen, die Scheiben darauflegen und leicht andrücken.

Das Backblech 15 Minuten bei 40 °C warm stellen und anschließend 25 Minuten bei 210 °C backen.

Den Puderzucker mit dem Zitronensaft verrühren und die noch warmen Schnecken damit bestreichen oder die grobgehackten Mandeln über sie streuen.

Eis-Gugelhupf
Schwarzwaldbecher

Zutaten für den Eis-Gugelhupf:

Für das Eis:

250 ml Vanilleeiscreme

250 ml Schokoladeneiscreme

Für die Sauce:

200 g Sauerkirschen

¼ Liter Sauerkirschsaft

50 g Zucker

etwas Zimt

1 TL Speisestärke

Die Eiscremes aus dem Tiefkühlfach nehmen und antauen lassen. Die beiden Cremes etwas miteinander mischen, so daß eine marmorierte Masse entsteht. Diese Masse in eine Gugelhupf-Form mit ½ Liter Inhalt füllen und in das Gefriergerät zurückstellen. Eine Stunde durchfrieren lassen.

Die Form kurz in warmes Wasser tauchen und die Eiscreme auf einen Teller stürzen. Das angerichtete Eis bis zum Servieren ins Kühlfach stellen.

Die Sauerkirschen mit dem Saft, dem Zucker und dem Zimt aufkochen. Die Stärke anrühren und unter die Kirschen rühren.

Den Gugelhupf in Scheiben schneiden und jede Scheibe mit einigen Löffeln Sauce servieren.

Zutaten für den Schwarzwaldbecher:

½ Liter süße Sahne

10–12 EL entsteinte Süßkirschen

8 Kugeln Zitronen- oder anderes Fruchteis

4 TL Schokoraspel

Die Sahne kurz schlagen, aber auf keinen Fall zu fest.

Die Kirschen in einem Mixer zerkleinern, das Eis dazugeben und mit der Sahne verquirlen.

Die Masse in Glaspokale füllen und mit den Schokoraspeln garnieren.

Beim Genuß von Speiseeis denken wir zuerst ans Vergnügen, das durch die erfrischende Kühle und den zarten Schmelz bewirkt wird. Daß Milchspeiseeis auch wertvolle Stoffe aus der Milch, wie Eiweiß, Kalzium und Vitamine, enthält, sollte aber nicht vergessen werden.

Geeiste Fruchtspalten

2 unbehandelte, möglichst große Orangen

2 unbehandelte, große Zitronen

2 unbehandelte Grapefruits

2 große Äpfel

500 ml Orangen- oder Zitronenfruchteis

500 ml Erdbeerfruchteis

500 ml Pistazieneis (es können aber auch andere Eissorten verwendet werden)

⅛ Liter süße Sahne

einige Blätter Zitronenmelisse

Der griechische Arzt Hippokrates, der von etwa 460 bis 377 v. Chr. lebte und wirkte, verfaßte ein Buch „Über den Einfluß der Umwelt auf die Gesundheit". Er beschreibt darin Eis als heilkräftiges Mittel, das „die Säfte belebe und das Wohlbefinden hebe". An dieser Erkenntnis hat sich bis heute nichts geändert. Und von Jahr zu Jahr wird mehr Eis gegessen.

Die Früchte gut waschen und längs halbieren. Mit einem Löffel das Fruchtfleisch herauslösen, so daß die Fruchtschale ganz bleibt. Die ausgehöhlten Fruchtschalen auf einer Platte 15 Minuten in das Gefriergerät stellen.

Das Eis aus dem Gefrierfach nehmen und etwas antauen lassen, bis es weich und geschmeidig ist.

Die Fruchtschalen kurz herausnehmen, schichtweise mit den 3 verschiedenen Eissorten füllen und zurück ins Tiefkühlfach stellen.

Nach 2 Stunden die durchgefrorenen Fruchtschalen aus dem Gefrierfach nehmen und mit einem Messer, das kurz in warmes Wasser getaucht wurde, in jeweils 3 Spalten schneiden.

Die einzelnen Fruchtspalten abwechselnd auf eine runde Servierplatte anordnen, mit kleinen Sahnetupfern und einigen Melissenblättern garnieren.

Knusperhaus

Für den Teig: 625 g Mehl, 500 g Honig

100 g gemahlene Mandeln

Lebkuchengewürz, etwas Pottasche

Für das Blech: Fett

Für den Guß: 500 g Puderzucker

1 Eiweiß, 1 TL Zitronensaft

Zum Verzieren: kandierte Früchte,

Schokoringe, Gummibärchen, saure Drops,

kleine Lebkuchen

Welches Kind hat nicht schon einmal davon geträumt, ein Haus zu haben, das ganz aus Süßigkeiten gebaut ist und das man langsam aufessen kann? Diese Wunschgedanken haben die Bäcker und Konditoren schon bald erkannt und bieten längst vorgefertigte Lebkuchenhäuschen an. Wer aber die Mühe nicht scheut und wer seine Phantasien verwirklichen möchte, der baut sich sein Knusperhaus selbst. Es ist gar nicht so schwer.

Das Mehl mit Honig, Mandeln und den Gewürzen zu einem geschmeidigen Teig kneten.

Ein Backblech fetten und den Teig etwa ½ cm dick rechteckig ausrollen.

Aus einem Pappkarton Schablonen schneiden, die auf den Teig gelegt werden. Mit ihrer Hilfe kann man die Giebelwände, die Seitenwände und das Dach aus dem Teig schneiden. Die einzelnen Teile auf das Backblech legen und bei 200 °C etwa 15–20 Minuten hellbraun backen.

Den Puderzucker mit Eiweiß und Zitronensaft zu einem dicken Zuckersirup verrühren und in einen Spritzbeutel mit einer dünnen Tülle füllen.

Die Teile an den Rändern mit dem Zucker einspritzen und aneinanderkleben, so daß ein Haus entsteht.

Die Süßigkeiten mit jeweils etwas Zuckermasse an die Wände und das Dach kleben.

Hier kann man sich von der Phantasie leiten lassen, es muß nur schön bunt aussehen.

Nach einer Trocknungszeit von 2 Stunden wird mit etwas Puderzucker alles eingestaubt.

Gefüllte Mohrenköpfe

Für die Masse:

5 Eigelb

70 g Zucker

7 Eiweiß

70 g Speisestärke

60 g Mehl

Zum Bestreichen:

2 EL Aprikosenkonfitüre

Für den Guß:

100 g Vollmilchschokolade

Zum Verzieren:

¼ Liter süße Sahne

Es gibt wohl kein Kind, das Mohrenköpfe oder Schokoladenküsse nicht kennt. Wenigen, auch unter uns Erwachsenen, dürfte jedoch bekannt sein, daß sie ihre Existenz einem Wiener Zuckerbäcker zu verdanken haben. Dieser hatte im Jahre 1822 die Idee, einem damals berühmten Zauberkünstler namens Kutom Bulchia Titescan ein süßes Denkmal zu setzen, indem er dessen dunkle Hautfarbe mit der Schokolade und die strahlend weißen Zähne mit der Sahne andeutete. Unsere Variante erfordert bei der Zubereitung etwas mehr Mühe als das, was man üblicherweise im Laden erhält. Dafür schmecken die selbstgemachten Gebilde ungleich besser und müssen auch nicht aus einer oft unnötig aufwendigen Verpackung „gepellt" werden.

Eigelb mit der Hälfte Zucker cremig rühren.

Eiweiß steifschlagen und dabei die andere Hälfte Zucker nach und nach zugeben. Die Stärke mit einem Kochlöffel unter den Eischnee heben.

Danach kommt die Eigelbmasse darunter und zum Schluß das Mehl. Es darf nicht stark gerührt werden.

Die Masse in einen Spritzbeutel mit einer 10er-Lochtülle füllen und auf ein mit Backpapier ausgelegtes Backblech gleichmäßige Halbkugeln spritzen.

Das Backblech in den auf 210 °C vorgeheizten Backofen schieben und 5 Minuten anbacken lassen.

Anschließend die Temperatur auf 180 °C zurückstellen, die Backofentür einen Spalt öffnen und 15 Minuten fertigbacken lassen.

Die gebackenen Halbkugeln mit etwas Aprikosenkonfitüre an der gewölbten Seite bestreichen, antrocknen lassen.

Die Schokolade in einer kleinen Schüssel schmelzen, die Halbkugeln mit der gewölbten Seite eintauchen und zum Abtropfen auf ein Gitter legen.

Die Sahne steifschlagen, davon etwas zwischen jeweils zwei Halbkugeln spritzen und diese zusammenfügen.

Schokoladenfondue

2 Tafeln Vollmilchschokolade

4 EL Milch

2 Äpfel

2 Birnen

2 Bananen

2 Ananasringe

1 EL Zitronensaft

Aus diesem Fondueessen kann ein lustiges Spiel gemacht werden. Jeder Teilnehmer erhält eine Gabel und einen kleinen Teller. Außerdem braucht man einen Würfel. Wer als erstes eine Sechs gewürfelt hat, darf nun anfangen, ein Fruchtstück in die Schokolade zu tauchen. Das Würfeln geht indes so lange weiter, bis jemand anderes eine Sechs gewürfelt hat. Dieser Spieler löst dann den anderen ab, der unterdessen schon etliche Fruchtstükke genossen haben kann ...

Die Schokoladentafeln in eine Glasschüssel bröckeln und die Milch dazugeben. Die Glasschüssel in einen geeigneten Topf mit Wasser stellen und auf dem Herd vorsichtig erwärmen. Das Wasser darf nicht über 40 °C heiß werden. Die Schokolade erwärmen, bis sie sich völlig aufgelöst hat, und mit einem Kochlöffel rühren, bis eine homogene Masse entstanden ist.

Die Äpfel, die Birnen und die Bananen schälen und in Würfel schneiden, ebenso die Ananasringe. Die Früchtewürfel mit Zitronensaft beträufeln, auf eine Platte legen und 15 Minuten in das Tiefkühlfach stellen.

Die Glasschüssel mit der flüssigen Schokolade aus dem Wasserbad nehmen und in die Mitte des Tisches stellen. Die Platte mit den Fruchtwürfeln dazustellen.

Nun kann das Fonduespiel beginnen. Sollte die Schokolade abkühlen und dabei fest werden, so stellt man die Glasschüssel in das Wasserbad zurück und erwärmt sie wieder.

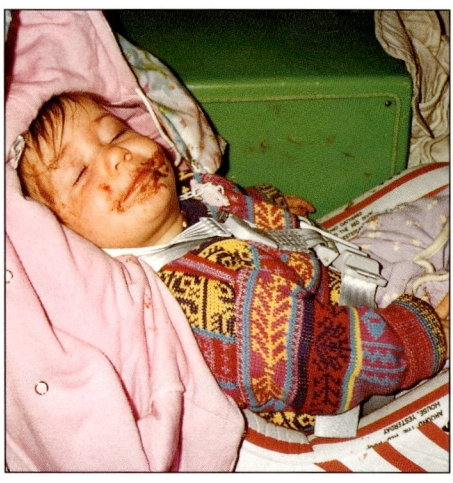

Die Rezepte alphabetisch

Die Rezepte nach Gruppen

Bildquellen

Bavaria: 11 (Füllenbach); 98 (Clarke) – Gruner und Jahr: 9, 42 (Gary Rogers); 74 (C. D. Geissler) – IFA: 13 (Diaf); 14, 80, 88 (Heinz Koch); 24 (TPL); 90 (Nowottny) – Sirius Bildarchiv: 106 – Sirius Bildarchiv/Hans Joachim Döbbelin: 2, 34, 38, 44, 52, 62, 78 sowie alle Rezeptbilder auf ungeraden Seitenzahlen von 17 bis 107 – ZEFA: 4/5 (Kölsch); 7 (Schäfer); 102 (K. Benser)

S. 19: Verwendung eines Urmel-Buches mit freundlicher Genehmigung durch den Franz Schneider Verlag, München – S. 29: Verwendung einer Marionette mit freundlicher Genehmigung durch Scharrer & Koch/Sigikid, Mistelbach

S. 2: Kurzbeschreibung für das Rezept des kleinen Puppenkochs, Erdbeerklöße in Zimtbutter:
600 g Kartoffeln einer mehlig kochenden Sorte – 100 g Mehl oder Kartoffelstärke – je 1 Messerspitze Salz und Muskat – 2 Eigelb – 8 mittelgroße Erdbeeren – etwas Speisestärke – 60 g Butter – 60 g Zucker – Zimt nach Belieben
Kartoffeln schälen, kochen, abschütten, ausdampfen lassen und durch eine Kartoffelpresse drücken, Mehl oder Kartoffelstärke dazu, ebenso Gewürze und Eigelb. Alles zu einem festen Teig verarbeiten, ihn rollen und in 8 Stücke teilen. In jedes Stück eine Erdbeere drücken und zu einem Kloß formen. Hände mit Speisestärke einreiben, Klöße nachformen.
2 Liter leicht gesalzenes Wasser aufkochen, Klöße einlegen und ziehen lassen, bis sie aufsteigen, herausnehmen und in einer Schüssel anrichten.
Butter schmelzen, mit Zucker und Zimt mischen und über die Klöße verteilen. Dazu frisches Obst oder Kompott reichen.

© 1991 Sigloch Edition, Zeppelinstraße 35a, D-7118 Künzelsau
Sigloch Edition & Co, Lettenstrasse 3, CH-6343 Rotkreuz
Nachdruck verboten. Alle Rechte vorbehalten. Printed in Germany
Reproduktion: Otterbach Repro, Rastatt
Satz: Setzerei Lihs, Ludwigsburg
Druck: Graphische Betriebe Eberl GmbH, Immenstadt
Papier: 135 g/m² BVS der Papierfabrik Scheufelen, Lenningen
Bindearbeiten: Sigloch Buchbinderei, Künzelsau
ISBN 3-89393-045-0

In dieser Kochbuchreihe
sind bereits erschienen:

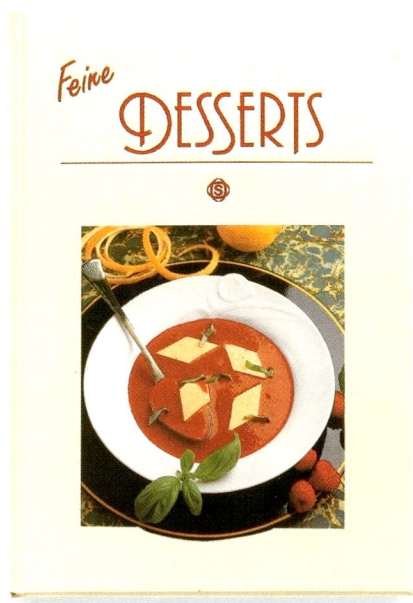

Bekannte und unbekannte Köstlichkeiten

Feine Plätzchen und Naschereien

Auch auf Französisch lieferbar:
Desserts choisis